ヤバい日本経済

常識を疑え！
金融・経済、本当の話

山口正洋（ぐっちーさん）
山崎 元（やまげん）
吉崎達彦（かんべえ）

東洋経済新報社

●まえがき●

どうもヤバいことになりそうだ。

ほかでもない。２０１４年以降の日本経済のことである。

いや、ヤバいといっても、「危ない」という意味ではなく、最近の若者コトバでいうところの「凄い」という意味だ。我々の見立てでは、これから数年、日本経済に大きなチャンスが訪れそうな気配が濃厚なのである。

振り返るまでもなく、１９９０年代初頭のバブル崩壊以降、日本経済はさんざんな目に遭ってきた。金融不安やデフレの進行に悩まされ続け、ＩＴブームや小泉政権の規制緩和による一時的な景気回復はあったものの、アメリカのＩＴバブル崩壊やらリーマンショックやらの影響で、幾度も浮上の芽を摘み取られてきた。それが２０１４年になったいま、ついに日本経済は本格的な上昇気流に乗る気運が出てきたのだ。

世界を見渡せば、中国では不動産バブルのピークアウトが始まろうとしているし、ウクライナやシリア、イラクなど政情不安な地域も少なくない。だが、こと経済に限ってみれば、ＢＲＩＣsブーム、新興国ブームを経て、成長の中心は先進国にシフトしつつある。なかでも日本は、「アベノミクスの3本目の矢である成長戦略に目玉がない」などと評されてはいるが、復活を遂げつつあるアメリカ経済の勢いの追い風もあって、新たな成長段階に向けてジャンプアップする寸前の状態にあるのだ。

実は我々3人は、東洋経済新報社のWEBサイト「東洋経済オンライン」で『競馬好きエコノミストの市場深読み劇場』なる連載を輪番で担当する間柄である。その名の通り揃って競馬好きなのだが、レース展開の読み方にはそれぞれ個性がある。それは本業である経済や金融の分析についても同様で、得意分野も予想の切り口も三人三様なのだ。本書はその個性を活かしつつ、日本経済と世界の行方についての討論をまとめたものである。

第1章で日本経済、第2章でアメリカ経済、さらに第3章で中国問題、第4章で新興国、そして第5章では庶民のマネー問題という具合に、日本と世界の経済を幅広く論じてみた。一読していただければ、世界経済の潮流から日本経済の強みまでスンナリ理解していただける内容になっていると自負している。

6年後の2020年に東京オリンピックが控え、この国の経済はますます大きく動いていく。今後の日本経済の展開をどう読み、どう準備していくかで、個々人の未来は明るくもなるし暗くもなる。本書が賢明な読者にとっての、ささやかな指針になれば幸いである。

2014年7月吉日

著者一同

目次

第1章 日本経済編 アベノミクスは首尾よくバブルを作れるか？

第2章 アメリカ経済編 オバマがこけてもアメリカ経済は世界最強になる

第3章 中国経済編

潮目が変わった中国経済、そのとき日本はどうするか?

第4章 新興国経済編 BRICsブームは完全に終わった

第5章 マネー編
自宅を持ってる人はインフレヘッジの必要なし

カバーデザイン▼石間　淳　本文DTP▼寺田祐司

第1章

日本経済編

アベノミクスは首尾よくバブルを作れるか？

予想を覆したアベノミクスの脱デフレ効果

山崎　「3本目の矢が飛ぶ気配がない」との評判がもっぱらのアベノミクスですが、1本目、2本目は株価や円ドル相場にそれなりに影響しました。そこで問われるのは、アベノミクスの最大の目標である「デフレ脱却」の成否です。インフレ率はいくらか上がってきているけれど、消費増税の影響からデフレに回帰する危険性が指摘されていますよね。

吉崎　財務省は毎年、エコノミストや学者を招いて予算説明会というものを開いているのですが、第二次安倍内閣の最初の予算となる平成25年度のGDP成長率は、実質2・5%、名目2・7%と配られた資料に書いてあったんです。それを見た私は、隣の席のエコノミストと「実質2・5はともかく、名目2・7はあり得ないよな」とヒソヒソ話していました。

それから1年後、2013年のクリスマスイブにまた財務省の予算説明会があったわけですが、執行中の平成25年度予算の見通しとして「実質2・4、名目2・5」と書いてある。コンマ1%は誤差の範囲内ですから、その数字を見た瞬間、私は「負けた」と思いました。

山口　予想を覆《くつがえ》されたわけですね。

吉崎　そう。私はアベノミクスに極めて懐疑的な見方をしていたんです。「そんなに簡単にいくかよ」って。さすがに「ハイパーインフレになるから反対」とまではいわなかったけど。だけど、1年経ってみると、どう見てもデフレを脱しつつあるという結果が出てきた。消費者物価も上がってきているし、消費税も2014年4月に8％に引き上げられたから、とりあえずその分だけは消費者物価も上がりますしね。

だから1998年からずっと続いてきた物価下落は、ひょっとしたら2013年で止まったかもしれません。そうなってくると、これまでの日本経済のいろんな前提が覆ってくる可能性が出てきますよ。もちろん日銀総裁・黒田東彦さんの「2015年にインフレ率2％」という目標が達成できるかどうかはまだ大いに疑わしいけど、たとえ1％としても十分すごいことになりますよね。

山崎　黒田さんの「2％」発言の実質的な意味は「2％まで物価上昇率が上がらなければ金融緩和をやめません」というところにあるわけですね。これは現在だけでなく、将来の緩和も約束することによって、より金融緩和政策を効かせようという狙いがあります。

そうなると、物価が多少プラスに振れても、金融政策はゼロ金利のままということですから、将来の実質金利の期待値が下がります。為替レートは実質金利にたいへん敏感に反応するので、為替相場に対してはインフレ目標を出したことの効果はものすごく大きかったといっていいでしょうね。

緩和に関する大きなイベントは「2%のインフレ目標設定」と「異次元緩和の発表」の2度ありましたが、インフレ目標を示して〝アベノミクスが始まりました〟と印象づけた1回目のほうが円安の進み具合は大きかった。これは、期待に働きかけることが政策として有効で、きちんと効果を発揮するチャンネルがある、ということを実証したんだと思います。

アベノミクスに異論を唱える人の中には、「あれはプラシーボ（偽薬）効果でしかない。ただ勇ましくラッパを吹いていたら、たまたま効いただけだ」と大雑把に要約する人がいますが、そうではなくて、確かに効果を発揮するチャンネルはあったと評価するべきなのだと思います。

ただアベノミクスの政策としての本質は資産価格誘導政策です。「円安にしましょう。同時に株高にして不動産価格も上げましょう。資産価格が上がればフローの経済が活発になって、やがては物価も上がるでしょう」という波及経路です。市場に働きかける金融緩和策であり、確かに市場は動き実態経済にも効いた。ただし、それによって成長戦略なるものが浮上してくるわけでもないし、分配や福祉政策がはらむ問題が解決するわけでもないのだけど、一応、アベノミクスの金融緩和が狙ったような効果を発揮していることは、前向きに評価してもいいのかなと思いますね。

株価が低迷していた3つの原因

山口　そこで株価のことを聞きたいんですけど、4～5月の株価の動きは僕からするとちょっと解《げ》せなかった。消費税の反動がありなかったわけだし、2014年3月期決算で過去最高益を叩き出す企業が続出しているというのに、株価は4月以降、1万5000円に届かない状態で、出来高も2兆円に乗るということはまずなかった。企業経営の実態と株価の齟齬《そご》が相当大きくなっているなという感じがしたんです。

山崎　株価が低迷していた原因は3つあります。1つは2013年の上がり方が大きかったということです。2013年の57%という値上がり率は、バブル絶頂期の1986年と87年を足したぐらいの数字ですから、80年代バブル最盛期の4年間のうち、最初の2年分を1年で達成してしまったようなもの。その分の反動があるというのがまず1つ。

2つめは円安のストップです。これはウクライナ情勢の影響などで円が買われているという背景もありますけど、日銀が追加緩和を出し渋っているようなムードが少しあります。

官僚が考えそうなことですが、「消費税を上げると景気が落ち込むから、経済が息切れしそうになったときに緩和策を打てばいい」ということなのかもしれません。しかし、まずは追加緩和策を早めに打って、もう少し円安に持っていったほうがよかったかもしれませんね。

3つめの原因は、決算は確かにいいのですけれども、今期の予想がまだ控えめだということ。消費税率アップで景気が悪くなるかもしれないという懸念があるのと、部品メーカーなどは「儲かっている」という数字を決算予想の形で発表すると、取引先から「じゃあ納入価格を安くしてください」といわれちゃうので、ギリギリまで「儲かっている」という数字を発表したくないという心理も働く。そこで決算予想が控えめになるので、株価が大きく反応しないということがあります。

この3つの要因の中で一番大きいのは、円安が止まったことの影響です。結局アベノミクスとは、「人々の期待を操作して円安にする、円安が1％進むと株価はだいたい2％上がる」といったレシピなのですが、肝心のその円安が止まってしまったのです。

吉崎　アメリカの株価は市場最高値なのに日本のこの低迷はなんなんだ、と多くの人が感じるのでしょうが、日米それぞれの予想ＰＥＲのデータで見ると、どっちもだいたい14倍ぐらいで、そんなに差はありません。だからグローバルな投資家から見ると、日本の株価水準はこの辺が適当と思っているのかもしれません。２０１３年がよすぎたので、14年は少し控えめに見ておくほうがよいと思います。

公的年金による株価対策は愚策

山崎　私が株価について一番嫌な感じを受けているのは、日銀の金融緩和に次ぐ手段として、公的年金のカネを使って株を買おうという思惑が見えていることです。公的年金による株価対策は宮沢政権当時の１９９２年からしばらくとられた手段ですが、これは端的にいってうまくいきませんでした。公的年金で買っている間だけは株価が上がりますが、買い終わるとぐずぐず下がるということの繰り返しで、利食いしたい人に利食わせて、公的年金に高値の株を買わせる結果に終わってしまった。

そもそも需給で株価を上げようというのは一時的な対策にすぎません。企業が儲かるような状態を作り、それによって株価が上がるという形にするのでなければ本質的には意味がないんですね。

吉崎　ただ困ったことに、公的資金による株価対策は即効性だけはありますよね。実際におカネを積んで買いが入ってしまうわけですからね。

山崎　ええ。だから、あえて「汚いカネ」といいますが、公的年金が汚いカネを積んで株価を上げるような状況が来たら、投資家はそこで利食いしてとっとと撤退すればいい。その程度に見ていればいいと思います。

幸い、いまのところ日銀の量的緩和政策は順調に動いています。ただこれが順調にいきすぎてしまうと、当たり前ですけどバブルが起こります。２００６〜２００７年くらいのミニバブル的なものかもしれないし、１９８０年代のようなスケールの大きなバブルにつながるのかもしれない。

経済全体の傾向として、バブルが発生してそれが壊れ、壊れて不況になったときはまた金融緩和でバブルを発生させて、景気を戻していって最終的にはバブルに行く。どうしてもバブルが起こってしまうのは、金融ビジネスが持つ「アクセル効果」みたいなもののせいです。バブルというものは借金して投資することによって起こりますから、資産価格が上がって、担保価値が上がってくると金融マンが担保を持っている企業や投資家に寄っていき、過剰な借金をさせ、自分たちのビジネスを拡大していくわけです。これは世の中のビジネスがそういう仕組みになってしまっているので止めようがないんです。

山口　こういうのって、過去の教訓が生きないんですよね。土壌さえ整えば、あとはバブルコースにまっしぐらでしょうね。

庶民がバブルを実感できるのは地価が上がったとき

山崎　1985年にプラザ合意があって円高不況が来て、86年には金融緩和で株価がぴゅんと上がった。ところが87年にブラックマンデーが起こって世界経済が大変なことになったものだから、日本はさらなる金融緩和と内需拡大に力を入れることになり、87、88年と低金利を維持したことでバブルに突っ込んでいく。これが80年代のバブルの大まかなストーリーです。

今回は「世界経済のため」ではなく、「デフレ脱却のため」に金融緩和を続けなければいけなくなっているところが違うだけで、相場のリズム的に読むと、いまは88年くらいの感じ、つまりバブル後半に差し掛かっています。

バブルの末期というのは、経験的にいって相場の振れ幅がだんだん大きくなってくるんです。まだ資産価格として高すぎるというところまで来てはいないと思いますが、なんとなくバブル相場の後半戦的な様相を呈してきたかなという感じはあります。

だけど、上がるか下がるかどっちを考えるのかというと、いまの段階ではまだバブルの時計がぐるぐるっと回ってきているところ。相場のピークが12時、ボトムを6時とすると、アメリカは11時くらい、日本は10時くらいのところだと思います。日本はいままでデフレ脱却ができなくて、9時のところが越えられなかったわけだけど、ようやく10時のところまで針を回せたのかなという感じです。

山口　物価が上昇してきたということは全く否定できなくて、これは完全にデフレ脱却ですよ。僕もアベノミクスを読み誤っていて、「そんなに簡単にいくかよ」って思っていたんだけれども、数字を見る限りデフレ脱却に関しては成功したというのは確かでしょうね。だけど問題はアベノミクスの最終目標は何かということ。政府がやっていることを実際に見ていると、要するにバブルを作りに行っているわけで、そのバブルができなかったら意味のない政策なんだと思うんです。バブルが作れなかったらこの政策は失敗です。

その意味では、消費税の増税はわりと危ない橋ですよ。せっかくバブルができかけているのに、消費増税で冷や水を浴びせるのは政策の整合性がないな。そこにセンスのなさを感じちゃいますね。

山崎　消費税3％アップで8兆円のおカネを恒常的に吸い上げ続けることになるわけですから、これは、景気に大きく響いても全く不思議ではありません。さらに2％上げる消費税率10％への移行は、景気的には厳しい。加えて、消費税10％を決めると、官僚集団にとって安倍政権は一応用済みになります。税率アップを決めるのが2014年の終わりくらいということになれば、そのころから景気が一山終わる場面が見えてきて、首尾良くバブルができない可能性があります。「10％決定後」には、景気に、相場に、少々注意が必要かと思っています。

山口　アメリカでも実は物価指数はプラスで推移しているし、GDPもプラスなのですが、山崎さんの表現を借りれば、アメリカが9時を突破して11時に過ぎていこうとしている、そこに至る過程で一番のポイントは不動産価格だったと思うんです。

吉崎　やっぱりそこが大きいですよね。

山口　リーマンショックであらゆる指標、相場が凹《へこ》んだわけですが、株価は2010年には完全にリーマンショック前の水準に戻り、現在のナスダック指数を見るとリーマンショック前の2倍の水準にまで来ている。このように株価はとっくにリーマンショックのダメージから脱しているのに、なぜいまだにアメリカが金融緩和を続けてきたかといえば不動産価格の立ち直りが遅かったからです。サブプライムローン危機からリーマンショックへという過程で、住宅ローンの焦げつきから住宅価格の大幅な下落が始まって、みんなが苦しんだわけです。その住宅価格が、長い金融緩和のおかげでようやくもとの水準に戻ってきたので、いまアメリカは復活感がすごく強くなり、テーパリング（量的金融緩和の縮小）なんて話になっている。

たぶん日本も同じで、本当に日本経済が「おお、来たね！」と実感できるのは、バブルが起こって土地の価格がグーンと上がったときですよ。日本は莫大な借金をして、30年とか35年の住宅ローンを組んで家を買うでしょう。その大きな買い物の価値が下がったままだったらやっぱり元気は出ない。これまでは5000万円で買った家の価格が2000万円になってしまったうえに、ローン残高は3000万円もある、というような状態でしたから、これでは元気を出して消費しようというほうが無理です。

でも5000万円で買った家の価値が5000万円まで戻ってきたという実感があったら、たとえローンが3000万円残っていてもお金を使うようになりますよ。アベノミクスはそこまでいったら大成功。目標はそこなのだと思いますね。

吉崎　団塊世代の投資信託というのはそれですよね。ちょうど2008年くらいに大量退職した団塊の世代が、退職金でワッと買った投信がその後、半値くらいに落ち込んだ。その値段が2013年の暮れごろから戻ってきた。そのころからデパートなんかの高額消費がものすごく増えた。これは明らかに団塊世代が買った投資信託のせいだと思います。

山口　でしょうね。不動産価格の回復は、その投資信託効果を上回るファクターになると思います。たとえば東京・丸の内周辺はすでにボンボン価格が上がっていますが、私がいっているのはそういう土地ではない。一般の人々が住宅を買うような、都心まで1時間とか1時間半という通勤圏内の住宅価格が戻ってこないと、本当の経済成長は達成できない。消費が増えてこないんですから。

山崎　都心にミニバブルを作るのは可能だと思いますけど、都心まで1時間半という地域の不動産価格を上げようとしたら相当頑張らないといけないですね。

そうなると考えられる手段は、外国人に土地に買わせることができるかどうか。

外国人の土地取得を認めることが最大の規制緩和

山口　外国人が土地を買うようになるとマーケットは一変しますよね。面白いのは、中国人が欲しがる物件とアメリカ人が欲しがる物件はまるで違うんです。

中国人から見ると、足立区とか江戸川区の物件がものすごく魅力的に映るんですって。

吉崎　ほーう、どういう理由で？

山口　都心に出てくるのも便利だし、なにより土地の値段がまだまだ安い。これだったら上海でアパートを買うのとあまり変わらないぞ、と。そう考えるようなんです。

明らかに日本人とは違う観点から不動産を物色する外国人が自由に売り買いできるようになると、マーケットが活性化するのは確かです。アベノミクスって規制緩和の部分が全くできていないけれど、外国人の不動産売買に関する規制を撤廃することが、最大の規制緩和になるんじゃないかと思いますね。金融機関もお金を持っていながら、新しくできる企業にはなかなかお金を貸さないくせに、家を買うといったらわりと簡単に貸してくれるんだから。

吉崎　最悪、担保を取り上げればいいからね。

山口　そう。「家を買う」といった瞬間、融資のハードルはものすごく下がるんです。だからやっぱり経済を大きく刺激するのは住宅なんですよ。

そこが動き出すと、金融緩和で流したお金がそのままマーケットに流れていきます。金融機関のところで目詰まりを起こしているマネーの流れを押し流すためには、やっぱり住宅あるいは関連の資金の流れに火を点《つ》けられるかどうかです。本当にバブルにするためには、お金の流れの目詰まりを外すような規制緩和が絶対に必要なんです。

吉崎　ただ、「外国人に土地を持たれるのは嫌だ」という心理的な抵抗は絶対にある。そこにどう対処するかという問題があります。

規模は小さいですが、こういうアイデアもある。私の知り合いの金持ちが、日本に保税倉庫（税関を通す前の外国貨物を保管する倉庫）を作らせろといっているんです。美術品のコレクターとしては結構有名な人なんですが、保税倉庫を作って、持っている絵画とか高額商品を保管する、と。

実際、関東の某県で作る準備をしていたんです。ところが県議会で「金持ち優遇だ」という批判が起こってしまい、頓挫《とんざ》してしまったんですね。同じようなものがシンガポールにあるらしいんですけどね。

山口　あります、あります。

吉崎　その人がいうには、「シンガポールは俺の真似をしたんだ」ということらしいんですが、そのシンガポールの保税倉庫には世界中の金持ちが喜んで美術品なんかを運び込むんですね。それがまた、すぐにいっぱいになっちゃうそうなんです。

これが日本にあったらどうかという話なんです。中国の大金持ちが買い集めた骨董品はどこに置くのが安心なのか。中国国内に置いたら、いつ召し上げられるかわからない。じゃあシンガポールに置くのか。それでもちょっと嫌。考えてみれば日本くらい安心な国はないわけです。

成田闘争を見ればわかるように、日本って過剰に所有権が認められている国です。日本にそういう倉庫を作れば、世界中の金持ちが争うようにしてやってくることになる。

金持ち中国人に日本国籍をあげよう

山口　全く同感ですね。それに、もっというなら、まあすごい反論が出てくるだろうけど、日本の国債を5億円分買った外国人には日本の国籍をあげる、といったら世界中から金持ちが集まってきますよ。それも中国人が大量に。そうなれば財政赤字も減ると思う。

「中国人がたくさん日本に住んだら犯罪が増えるじゃないか」とか「民度が落ちる」とか心配する人もいるかもしれないけれど、絶対にそうはならない。

吉崎　5億円も払える人に、へんてこな人はいませんからね。

山口　そう。悪いけど5億円もポンと払えるような中国人がいるとしたら、その人たちのほうが絶対に僕ら普通の日本人より洗練されている（笑）。

中国という国では、土地の私有が認められていないうえに、いつ財産が召し上げられるかわからないし、子どもの教育も中国国内では受けさせたくないと考えている大人はたくさんいます。だけど移民として受け入れてくれるのはカナダ、アメリカ、オーストラリアくらいです。カナダは移民が増えすぎてしまって「これはヤバい」という状況になってしまったので、いまは門を閉ざし始めている。

一方、中国人に「住む国を自由に変えられるならどこがいい？」と聞くと、どの統計を見ても「日本」という答えが圧倒的に多いんですよ。そういう状態を見ると、「外国人には土地を買わせない」なんていうケチなことをいっていないで、どんどん買わせるべきなんです。

ロンドンの不動産はすでにイギリス人以外、非ブリティッシュの保有率が50％を超えています。

吉崎　中東系の人が多いですよね。『シャーロック・ホームズ』で有名なベイカー街なんて、中東系と日本人観光客しか歩いていない。

山口　そうです。これはロンドンが何十年もかけてやってきたインターナショナライズの成果です。これを「ウィンブルドン現象だ」と皮肉る人もいますが、このおかげでロンドンの地位というのは落ちていない。いまだに世界の三大拠点の1つです。

吉崎　あと2つはニューヨークとどこ？

山口　一応、東京ということで（笑）。僕はそういう認識です。でも、このままでは東京の地位は怪しい。香港や上海だけじゃなく、やたらと開放政策をとっているシンガポールにだって追い上げられている。

さっきの保税倉庫の話は本当。個人的に知っている範囲でいえば、ビル・ゲイツもポール・アラン（マイクロソフト共同創業者）もシンガポールに保税倉庫を持っています。日本で同じようなものを作れば、みんな日本に持ってくると思いますよ。

吉崎　どっちが安心かといえば、やっぱり日本だからね。

山崎　もう少し規模の小さな話になりますけど、北海道のニセコみたいな場所をたくさん作るのもいいですよね。

山口　いいアイデアですよね。ニセコも外国人が多数やってきて家を買ったために土地の値段が上がった。一番得をしたのはニセコですよ。税収が増えますからね。土地の値段が上がるとみんなカネを使うようになるから消費も増える。結局、経済が好転するのは地価が上がったところだけなんです。だから僕は土地の値段を上げるというのは、究極的に大事な政策なのではないかと思いますね。

アベノミクスがそこまでいかないと、みんな成長の実感がないまま、また景気が落ち込んでしまう。

吉崎　いまの安倍政権の状況を現実的に分析すると、中国との関係からして、広く外国人に不動産の購入を認めたり、永住権を与えたりというのは難しいでしょうね。

上海にある日本総領事館に行ったときに聞いた話ですが、２０１３年の後半から観光ビザの発給が急増しているのが目に見えてわかったんだそうです。本当はそれも日中関係を改善させる1つのシグナルなんでしょうね。そこでいってたんですが、どうせなら4月1日から思い切りビザの発給を緩和したらどうかと。経済対策にもなるし。だって外国人観光客には消費税は関係ないですから。

山口　観光ビザは簡単でしょうが、もっと踏み込んでなんとか日本に住めるようにしないといけないと思うんですよ。いまはほとんど不可能ですからね。訪日観光客数を見ても、中国人は韓国、台湾に次ぐ3位を占めているのですから、日本に住みたがっている中国人も相当な数になると思うんです。そこをうまく使わない手はない。

山崎　だけど、外国人を呼び込んだとしても、地方の土地まで値段を上げるのはやっぱり大変じゃないですか。

人口減でも日本の雇用者数が史上最高の理由

山口　僕は岩手に住んでいましたから、それは実感しています。地方の地価を上げるのは本当に容易じゃない。

山崎　そもそも、地方の地価まで上げる必要があるのか、という問題もあるんじゃないですか。

山口　地価が上がらないと経済が好転しないというのは地方も同じなんです。自分たちの持っている土地の値段が上がらないと、経済が活性化してきた実感がわかないんです。

僕がかかわっている紫波町《しわちょう》は、岩手でたった2か所だけ地価が上がった地域のうちの1つなんです。そのことで岩手県全体がびっくりしたんですね。岩手の土地が上がるはずがないと思っていたのに、上がった場所があったと。それだけで県全体の消費性向が上がったという統計もあります。それだけ土地の値段って大事なんだなと。ただ、実際に上げるのはものすごく大変ですよね。

山崎　まず日本全体の人口が減ります。なおかつ、人は東京に集中したほうが経済効率はいいわけだから、地方の人口はどんどん減り続けるという傾向にある。

吉崎　『中央公論』の14年6月号に掲載された「消滅する市町村523」という特集がずいぶん話題になりましたよね。元総務相の増田寛也さんと日本創世会議・人口減少問題検討分科会の手による記事ですが、20〜39歳の女性人口が現在の出生率どおりに子どもを産んでいった場合、2040年に人口1万人を切る自治体が523も出るという内容です。

こういう話が出るたびに、「だから地方をテコ入れして守らなければならない」という議論になるんですが、そこで私が疑問に思うのは、地方に人がいなくなるから大変だというけれど、人がいなくなるような自治体はそうなって当然じゃないのかな、ということなんです。人がいる限りは守らなければいけないけれども、人がいなくなる自治体をなんで守る必要があるのか。そこは釈然としないものがあるんですよね。

山口　吉崎さんがおっしゃっていることは、私みたいに地方の再生に携わっている人間にとってはある種、常識的なこと、まっとうなことなんです。このまま行けば絶対にダメになる、破綻するというのがまず大前提なんです。

ただ、現地の人の前でそういう話をすると、「いや、そんなことはない」という反論が必ず出てくる。でも、なぜ大丈夫なのかと聞いてみると、皆さんあまり根拠がないんですね。

吉崎　『中央公論』の議論が秀逸だったのは、若い女性がいなくなったらもうダメだという非常に根源的なところを突いていたこと。あれは自治体関係者にとってはショックだったと思います。「若い女性に見放されるような自治体はもうダメよ」と。それは全く正しいじゃないですか。

山口　若年層の女性人口というのは、岩手県内の自治体間でも差があって、若い女性が少ない自治体の衰退はものすごく速いんです。現場を見ている感覚からいえば、あと5年もすれば教育や医療、上下水道まで含めた基礎的インフラでさえもう維持できないのではないかと思われる自治体が東北には散見されます。5年ですよ！　その切迫感が地方の自治体関係者や住民の間では非常に乏しい感じがしますね。

山崎　そういう状況も考えると、日本全体の土地の値段を上げていくためには、人口の減少を補うだけの外国人の数とおカネがないと、難しいですよね。

そこまで開放政策をとるかどうかわかりませんし、とらないとなると、地価が上がらないから金融政策の効果は小規模なもので終わってしまうかもしれない。なんとか物価はプラスにしましたが、今後、日本は中年から初老にかけての国家で、もうひとつ元気がない、という状況になるかもしれない。

吉崎　実際に日本で起きていることを見ると、雇用者数がいま史上最高水準なんです。5570万人という数字で、もちろんこれは就業者数で比べるとまた違うんだけど、就業者の中で自営業や家庭内従事者の人がいらっしゃるじゃないですか。自営業というのは農家やパパママストアのような働き方の人が多いので、ここは次第に減っていく。

そう考えると、日本もこれから就業者数よりも雇用者数のデータがより大事になってくる。アメリカがそうであるみたいにですね。

で、その雇用者数が2007年のピークを越えて2013年末に史上最高になっているんです。その内訳を見ると、いろいろ面白いことが見えてくる。

1つは非正規労働者が増えていて全体の3分の1になっている。これはまあしょうがない。もう1つは、増加分の男女比率を見ると、4対1くらいで女性のほうが多いんですよ。男性の雇用のピークは2007年ですが、女性のほうは毎月のようにピークを更新している。

これはいったいどういう理由なんだろうと思っていたんですが、自動車メーカーの調査部の知り合いがこう教えてくれたんです。実は運転免許の保有者数でほとんど同じ現象が起きている。男は減り続け、女性は増え続けているんですね。

つまりどういうことか。男はだいたいどの世代でも、免許証の保有率とか就業率は一緒なんです。ということは、年寄りが多くて若者は少ないといういまの日本の人口動態からいくと、月日が流れると男性全体の人数が減るので、免許の保有者数も減るし、雇用者数も減るわけです。

ところが女性のほうは違って、高齢の女性は働いていないし、免許も持っていない。ところが、若い世代は働いているし、免許も持っている。

山崎　年月が経つと、免許も持たず仕事にも就いてない大勢の高齢女性がお亡くなりになりますね。

吉崎　ええ。その代わり免許も仕事もある若い女性が入ってくるので、トータルで見ると女性の免許の保有者数のほうが増えてくるというわけです。だから軽自動車はまだまだ売れるよね、というのが自動車会社の人たちの読み筋なんです。

もう1つ、女性の雇用者数というのは結婚・出産・子育てで仕事を離れる人が多いからM字カーブを描くわけですが、その凹んでいる部分が底上げされてきていて、谷間が浅くなっている。極めてポジティブな話で、そういう理由もあって女性の就業者が増えてきているんですね。

ということは、安倍首相の主張は間違っていることもあるんだけど、「女性が大事だ」ということだけは全く正しい。全体に人口が減っている中で、女性で雇用されている人が増えているおかげで、トータルの雇用者数が増えているわけですから。これは個人消費にとって極めて大きなプラス要因になります。

おそらく女性が増えている分野というのは、介護の仕事とか小売り関係とか、決してペイがいいところではないと思う。

ただ共働き世帯がそれだけ増えるということなので、家は買うでしょう。この動きを大事にしていかなくちゃいけない。そのためにはM字カーブの凹みをもっと底上げしていくような政策をとらないといけない。育児支援も大事だし、女性が高い地位につけるようにしていくことも大事。そうしないと新しく働き出す女性がエンカレッジされない。

アメリカも女性が職を得て好景気になった

山口　アメリカも実は同じ経過をたどってきました。調べたことがあるんですが、アメリカも決して昔から〝夫婦共働き〟だったわけではないんです。70年代後半から80年代にかけて急速に女性の就業者が増えていって、90年代に非常に増えていく。ここで社会構造はものすごく変化するわけです。

それ以降、２００８年のリーマンショックに至るまでのアメリカの〝バカ景気〟というのは、女性が職を得てダブルインカムになったから、年収が倍になったのと効果はほぼ一緒になった。その上に乗っかって、リーマンショックみたいなものに突き進んでいったというのは、雇用者数の統計を見ると明らか。

オバマ大統領の顧問をして上院議員になったエリザベス・ウォーレンという学者がいますが、彼女が「Two Incomes」という論文を書き、その中でこのことを指摘しています。ダブルインカムを使って家計をやっているうちはよかったんだけど、ダブルインカムをもとに返済能力をはじいて家計の借金を増やしてみたら、いつの間にか夫婦の一方がクビになっていた。それがリーマンショックの大きな傷跡だと。だからダブルインカムになって、その後は借金体質にならなければ、アメリカは非常にステーブルな経済成長をしたはずなのに、結局借金に飲み込まれていった。そういう内容です。

いま、アメリカでは雇用者が増えてきているんですが、不思議なことに日本と同じ状況なんです。つまり男性の雇用者数は全然増えないのに、女性の雇用者数が増えている。アメリカは30代以降の女性がすでに十分社会進出をしているのに、なぜこういう差が出るのか。その原因とされているのが能力差です。

同年代の男性、女性を比べると、女性のほうが優秀で、真っ先に採用される傾向がある。だから、男女雇用機会均等法ができて約30年が経った日本も、これから雇用回復という状態になったときに、男性の職場は減るかもしれない。

山崎　別の見方をすれば、女性の労働力を使うことによって、日本経済全体として、もう1度労働力のボーナスを作れるかもしれないということですね。

私が教えている大学の学生に、架空の家計の改善方法を考えさせる試験問題を出してみたのですが、「妻も働くべきである」「子どもがいないのだから、妻は働くべきだ」「働くように説得すべきだ」と指摘する解答がたくさんありました。いまの学生の感覚では、女性が家にいて働かない状態がむしろおかしい、ということなんでしょうね。

だけどNHKのニュースをぼんやり見ていると、雇用ニュースのあとに、「年金支給額をこれだけ下げます」なんていうニュースが流れている。このとき「厚生年金が月にいくら」というモデルケースをもとにしているけれど、その際の標準世帯というのは相変わらず、夫1人が働き手で家族は専業主婦と子ども2人というもの。これからは女性が働くことを前提とした標準世帯をもとに、年金制度も変えていかないといけないですよね。働く人もそれに合わせて変わっていかないと。

吉崎　お父さんが外で働いていて、専業主婦と子ども2人という家庭って、おそらく全世帯の4分の1くらいじゃないかと思う。高齢化で1人暮らしの老人も増えているんだから、従来の標準世帯をもとに年金問題を論じることは意味をなさなくなってきています。

食事代も「割り勘が当たり前」の若者カップル

山崎　我が家はまさに専業主婦と子ども2人なんですが、生活はなんだか楽でないなあ。

山口　最近、レストランなんかに行ったときに見ていると、僕らの世代だと女性が会計をするということはなかったけれど、いまは男性が払っているケースが稀です。カップル双方が働いているので、割り勘ということが相当浸透しているなと感じるんです。

考えてみればこれは結構すごいことだと思うんです。割り勘ということは、おのおの半額ずつしか払っていないから、これまでの倍、レストランに行くこともできる。そうなってくると、消費行動が変わってきます。

女性が労働市場に進出してくるということは、そういう変化も出てくるような気がします。

吉崎　いまのアメリカを見ていると、とにかく女性を高い地位につけなくてはいけないという社会的コンセンサスが、強迫観念に近いものになっているような感じがしてならないんです。アメリカらしいといえばアメリカらしいんだけど、イエレンをFRB議長にするために、バーナンキも結構なコストを払ったと思う。そういうことを非難する声はないし、GMのCEOに初めて女性を起用したりもそう。うがった見方をすれば、2008年にオバマじゃなくヒラリーを選んでいたらよかった、史上初の黒人大統領ではなく史上初の女性大統領を選んでおいたほうがよかったのではないか、俺たちは間違っていたのではないかという思いが、意識の底で広がっているように感じる。それくらいアメリカは女性を一刻も早く偉くさせようと思っている。そういう中で、キャロライン・ケネディが駐日大使として日本に赴任してきたとき、こうした受け止め方をしていた日本人っていない。

ケネディ大使とお友だちになれる日本人、特に子育てのことなんかを相談できる女性って誰かいるかなと考えても、全く思い浮かばない。日本の女性政治家って、悪いけどあまりお勧めできるような人っていいない。

山崎 確かにそうですね。

山口 みんなエレガントじゃない。

吉崎 アメリカ人って結構上から目線だから、キャロライン・ケネディを大使に任命するのは、考え方の古い日本人を教育するためだと考えていると思う。

山崎 子会社への命令伝達係みたいな役割ですからね。

吉崎 そうそう。お目付け役みたいな。

山口 でも、やっぱり女性は日本にとって巨大な資源。団塊の世代が一斉に引退してしまい、ただでさえ労働人口が足りないというときに、女性が出てこなかったらどうにもならない。

吉崎 巨大なリザーブですよね。

バーゼルⅢの衝撃

山崎 異次元の金融緩和の強烈な副作用として、近い将来の国債暴落を指摘する向きもありますが、金利の状況を見ている限り、国債が急に暴落したり、アベノミクスがいますぐひっくり返るといった事態は起きそうにありません。

山口　金融機関にとって、いま日本の国債を買わないという選択肢はあり得ないですからね。もしも国債が暴落することがあるとすれば、ちょうどいまバーゼル銀行監督委員会で話が出ている、自国国債に対するリスクウエイトの問題が火を噴いたときでしょうね。

山崎　国債を売り崩すとすれば、そのタイミングしかないでしょうね。

山口　国際業務を手掛ける銀行の健全性を保つために、銀行の自己資本に一定の基準を課しているバーゼル銀行監督委員会は、ＢＩＳ規制、新ＢＩＳ規制（バーゼルⅡ）と段階を踏んで規制を厳しくしてきました。ただし、現在のルールでは「自国通貨建ての国債についてはリスクウエイトはゼロでいいでしょう」ということになっていて、これが大前提になっている。日本にしてみれば、円建ての日本国債はリスクウエイトはゼロ、つまり何も引当金を積まなくていいという扱い。米銀にとってみればアメリカ国債がそういう扱いです。

ところが、その大前提の脆《もろ》さが露呈したのが、２０１０年のヨーロッパの債務危機でした。ユーロに参加している国の国債も全部リスクウエイトゼロというところにいたものだから、「スペイン国債やイタリア国際を持っていてもリスクはゼロなのか」と。そこではたと困ってしまい、今後本格的に適用が始まるバーゼルⅢでは、銀行の自己資本比率について、より厳格な基準を導入しようという動きが強まってきています。
しかし、仮に「自国通貨建ての国債もリスクウエイト10％」という話になってしまうと、国債を買いまくっている日本の金融機関にとってはとんでもない話になってきます。

山崎　資本を何兆円か積み増さないといけない計算になりますよね。つまり国債を持つことに対して余計なコストが発生してくるということになるので、銀行の国債離れが一気に起こり、国債の利回りが上がる要因になります。
これをヘッジファンドの立場から見れば、日本国債を売り崩す千載一遇のチャンスになるわけです。陰謀説めいてきますけど、バーゼル銀行監督委員会に働きかけてバーゼルⅢを少々いじり、その発表のタイミングに売りを仕掛ければいい。
まあバーゼル規制をあらたに変えるかどうかは2020年をめどに、という話になっていますから、全体像はその少し前ぐらいで見えてくるでしょう。もしかすると、東京オリンピックの前に予想される不動産市場の崩壊とタイミングがあってしまうと、日本にとっては大きな混乱をきたす出来事になる可能性があります。

吉崎　ちょっと想像したくない事態ですね。

山崎　ただ、今後インフレになっていくと当然長期金利も上がっていくし、日銀の黒田総裁が目標に掲げている「インフレ率2％」を達成すると、それ以上金融緩和を続けている理由がなくなりますから、そこからは長期金利も上がることになる。そうなったとき、金融機関が長期国債を保有していることに対するリスクは上昇しますから、正論としてはリスクウエイトを乗せておくべきなんだと思います。

それに、自国が発行している国債だからといって、その信用は絶対的なものではありません。金融資産の信頼度はあくまで相対的なものなので、なんらかのリスクウエイトを考えておくのがあるべき姿なんです。ギリシャとかアルゼンチンなど債務危機に陥った国の政治家が、「利払いを停止しよう」なんていう発言をしますけど、ああいう状況を見ていると、「国債の利払いの停止って意外に気楽にできるんだな」と改めて痛感します。

山口 う～ん、山崎さんがおっしゃるのは確かに正論ですけど、それをどこまでみんなが考えているのかというのが僕にはよくわかりません。というのも、自国発行の国債にリスクウエイトが必要になると困るのは日本だけではないですから。アメリカだってドイツだって、どこだってみんな困るわけですね。

自国の国債のリスクウエイトが5％、10％になるということになったら、世界各国の銀行はそれこそ膨大な引当金を一刻も早く積まなくちゃいけなくなるので、「だったら国債を売っちゃおう」ということになる。だけど売却しようと思っても、その国債の受け皿はもうない。誰も買いません。

吉崎　そんな状況を誰が望むのか、という話ですよね。
山口　ええ、バーゼルⅢで自国の国債にリスクウエイトを置くことはたぶん誰も望んでいません。
どこかの国だけをターゲットにすることで他の国にメリットが生まれるなら、そういうこともあるんでしょうがね。実際、バーゼルⅠのときは露骨でしたからね。日本の金融機関がやたら強いので、とにかく日本だけをターゲットにして、日本の金融機関に不利な規制条項ばかりが並んだわけですから。
山崎　株式の含み益は自己資本に含めちゃダメだよ、なんていうことになって邦銀は大混乱に陥りました。
吉崎　自己資本は急に増やせないから、貸し出しを減らしてしまったんですよね。
山口　ええ。ああいうふうにどこかを狙い撃ちする意図があると、新たな規制案というのは簡単にまとまってしまうのですけれども、今回はどうなのかな。議論されている規制案を望んでいる人が世界のどこにいるのか、という気がします。中国あたりが他国の国債を安く買い占めたいと思って、売られたところを片っ端から買い占めていく、という筋書きは可能性としてはあるかもしれないですけれどもね……。
山崎　もちろん、冗談ですが、中国にごっそり買わせておいて、デフォルトするのも面白いかもしれない（笑）。ただ、マーケットには大きなボラティリティを望む参加者が常にいるので、注意したいですね。

3・11から赤字になった貿易収支

山口　吉崎さんは現役ですが、山崎さんも私も元商社マン。ここで商社マンらしく貿易収支の話をしましょうよ。この数年、貿易赤字が定着して、もはや日本は輸出で稼ぐ国ではなくなってきたわけで、そこを危惧している読者も多いと思うので。

吉崎　２０１３年の暦年ベースの数字でいうと、貿易収支の赤字は11・4兆円で、毎月１兆円の赤字が出ている勘定です。この流れは14年度もそんなに変わらないでしょう。

４月の貿易統計を見ると、前年同期比でやっと輸出がちょっと伸びて、輸入が少し頭打ちになりました。トータルで見ると貿易収支は約８０００億円の赤字ですが、内需が冷え込み始めたおかげで、国内生産を海外に回す余裕がやっと出てきていること、駆け込み輸入が止まったことで少し貿易収支、純輸出に回復傾向が見えてきました。

山崎　かつては貿易黒字が大きすぎてアメリカから批判されたりしていましたが、状況は大きく変わりましたよね。

吉崎　日本貿易会では毎年貿易動向の予想をしていて、２０１１年度は私が座長で見通しをまとめたんですが、このとき大きく読み違えてしまいました。また黒字に戻ってくるだろうと思ったんですね。ところが、あにはからんや。急激なトレンドの転換が起こっているんです。私の商社系エコノミスト歴はかなり長いのですけど、この変化は本当に前代未聞。

で、貿易収支を月次ベースで振り返ると、転換点は２０１１年3月、東日本大震災のときなんですね。それまでは黒字だったのに、３月から赤字が始まっている。もちろん多少のブレはあるんだけど、グラフを書いてみると、そこできれいに分かれているんですね。もう少し遡《さかのぼ》ると、日本の輸出はリーマンショックで落ち込んだ後、２００９年にはすぐに反転していました。ところが２０１１年以降はほぼ横ばいです。この間、輸入が急激に伸びてきているんですね。ですから13年はざっくりいって「輸出70兆、輸入80兆」の世界になっていて、これは今後しばらくは大きく変わらないだろうという感じです。

輸入の急激な伸びにはいくつかポイントがあります。１つはエネルギー。ご承知のように原発が止まっているからＬＮＧの輸入が増えました。

13年くらいになるとＬＮＧが増えているのはもう当たり前で、さらに石炭まで増えてきた。電力会社もだんだん慣れてきて、北陸電力なんかはいま発電量の６割が石炭だというんです。そうやって発電用に一生懸命化石燃料を焚《た》いている部分の輸入が3兆～4兆円ある。仮に原発が再稼働すればこの部分は減らせますけどね。

2つめの要因は通信機。以前は日本の代表的な輸出品だったけれど、スマートフォンとかタブレット端末の輸入が急速に増えています。いまや通信機の輸入は2・7兆円。対して輸出は5300億円。この分野だけで2兆円の貿易赤字です。

そのほかに増えているのは医薬品や衣料品。別にバイアグラを買いまくっているわけじゃないですけど、インフルエンザの治療薬なんかは輸入品ですね。だいたい画期的な新薬の開発競争で日本企業は欧米企業に後れをとっているので、どうしても医薬品の輸入は増えてくる。また衣料品はヨーロッパの高級ブランドからユニクロが海外工場で生産したものまで幅広く輸入されていて、もはやメイド・イン・ジャパンは希少価値になっちゃいましたね。

それから特徴的なのは、自動車の輸入額が1兆円を超えたことです。自動車は輸出が10兆円なので、赤字がどうこうという話ではないですけど、高級車を中心に年間1兆円の輸入になっているわけです。その中には日産がタイで作っているマーチなんかも入っているけれど、往時の数字を知るものとしては「へぇ～」という感じです。

貿易赤字を悲観する必要はない

山崎　でも、そもそも貿易赤字になって何か困ることってあるんですか。

吉崎　貿易赤字になって困ることといえば、経常収支の黒字が少し危うくなってくることですよね。経常収支はもともと2ケタ兆円の黒字で、ピーク時には24兆円ということもありましたが、いまはいいところ5兆～6兆円です。

そうなってくると財政収支が心配になってきます。要するに、「巨額の財政赤字を抱えている日本は、なぜ財政収支のファイナンスができるのか」と問われたときに、これまでは「国債発行額の90％は国内で消化できるから大丈夫なんだ」と答えることができたわけですが、その裏側には、経常収支の黒字がずっとあったので、外国からコンスタントに資金が流入していたから大丈夫という事情があった。でも国債の発行額は結構大きいから、今後も同じ構造でいくことができるのか。そこが心配の1つですよね。

山崎　でも、それは非常に先の心配ですよね。

吉崎　「日本の経常収支は赤字になるのか」という議論が始まったのは、2012年の年初からです。「2015年には赤字になる恐れがある」とJPモルガンのチーフエコノミスト・菅野雅明さんがレポートで書いて、英『エコノミスト』誌なんかが取り上げた。そこで私が、「いやいや、そんなことはないでしょう」と反論した。日経新聞紙上で対決したんです。

ところが、ふたを開けてみれば、ものの見事に私が間違っていた。年末の日経主催エコノミスト懇親会で、菅野さんを見つけて「参りました」と頭を下げたら、菅野さんが「私も驚いていています」といっていた。あんまり早いんで、ちょっと怖いです。

もちろん、日本の経常収支が赤字になるという予想は昔からある議論でした。クローサーの国際収支の発展段階説というのですが、そこでは日本は貿易収支も所得収支も黒字である「未成熟な債権国」といわれた時代がずっと続いてきました。特に2000年代はずっとそうだった。2005年以降は、所得収支の黒字が貿易収支の黒字を上回っていた。この状態がなるべく長く続くと、日本にとってはいいなといっていたんです。

それが震災を契機に、貿易収支が赤字で所得収支が黒字の「成熟した債権国」に思ったよりも早くなってしまった。これが何年も続くと、そのうち貿易収支の赤字が所得収支の黒字を上回るようになって、経常収支も赤字になって、「債権取崩国」になっていきます。

いまはまだ日本は世界最大の債権国で、経常収支の黒字が続いている間は債権の額も増え続けていくわけだけど、どこかの時点で減り始めると、その後は国内の高齢化も相まって借金ばかりが増えていく。外国に日本国債を買ってもらわないと回らなくなる。いつかはそうなると思っていたけれど、リーマンショックと3・11でそれが相当早まったのでしょうね。

山崎　しかし達観していえば、国際収支というのは黒字になったり赤字になったりするものなので、別に貿易赤字だからといって国民が悲しむ必要はないと思いますよ。

吉崎　もちろん黒字がよくて赤字が悪いという問題ではありません。

黒字だった貿易収支が赤字になっていいことといえば、貿易摩擦が起きなくなって、海外から叩かれなくなる。それから円高にもあまり苦しまなくてもよくなるかもしれません。

山崎　円安になったほうが楽だということはありますよね。ただそのときには実質所得が減っているわけだから、その分貧しくなっているとはいえます。特に燃料のコストが上がることなどは影響が大きい。

だけど、それがまるまるマイナスになっているのかというと、たとえば円安になって経済全体にはそっちのほうが具合がいい面がある。貿易収支が赤字になったので非常に大変なことが起こりつつある、という議論はちょっと違うと思う。

「国内でのモノ作りはしんどい」が日本企業の本音

吉崎　貿易収支の話をするときには、いくつかのレイヤーがあります。1つは純粋なマクロの経済の見方。別に黒字がいいわけではない。赤字が悪いわけではない。

それとは別に、財政赤字の削減を急ぐべきだ、というのが正統派経済学者の考え方なんですね。

山崎　私は「財政赤字の削減を急げ」というのは、はたしてどれほど正しいのかなという疑念を持っていますが、意見としては確かに多いですよね。

吉崎　ええ。もう一段下のレイヤーにはマーケットの意見というのがある。

日本はモノ作りで黒字を稼いでいる国だ、加工貿易による貿易立国という認識が変わってしまうのは問題だという認識。これはマーケット的な感覚としてはあると思う。

3番めに産業界の発想がある。製造業の人たちには、「この国で長期的にモノ作りをやっていくのはもうしんどいよ」というところがある。自動車メーカーの知人に「なぜ自動車産業は国内で設備投資をしないんだ」って聞いたんです。そうしたら「自動車の設備投資は計画を立てて、工場が稼働するまでに3年かかるんだ。3万点のパーツを組み立てるサプライチェーンを作るというのはそういうことだ。だからいま動いている工場は、超円高時代に立てた設備投資計画のものだ。いまから計画を立て初めて国内に工場を作っても、稼働し出すのは相当先なのだ」ということでした。

トヨタは岩手県に新しい工場（岩手県胆沢郡金ケ崎町）を稼働させてものすごく評判を高めましたが、あれは小泉政権末期の円安時代に立てた計画の工場なのです。

そういう具合に、生産のサイクルの人たちというのは、またちょっと違うものさしを持っているのです。

山崎　金融の人とはテンポが違いますよね。

山口　トヨタには有名な話がある。工場建設はまさに円安のときに立てた計画で、着々と進んでいた。岩手県ものすごく期待していたんだけど、途中でどんどん円高になってしまって、おいおいという話に何回もなって、そのたびに岩手県はひやひやした。結局震災が来てしまって、トヨタも引っ込みがつかなくなって途中でやめるといえなくなってしまった。結果オーライじゃないけど、そのおかげで工場ができたという話がある。

吉崎　震災後に工場を見学に行ったんです。一番びっくりしたのは、あの工場では2007、2008年はレクサスを作っていた。いまはアクアを作っている。どうして途中で生産するのを大型車から小型車に切り替えることができたんですかと聞いたら、「大は小を兼ねるんです。逆はできませんけど」ということだった。レクサスの工場でアクアは作れるけど、アクアの工場でレクサスは作れないんだと。

山崎 そんなもんなんだ。

吉崎 工場の中を見学すると、別にどこがすごいのかわからない。ところが説明を聞くと、「ここにヒモがあるでしょう、これをちょっと引くと、すぐ全部のラインが止まります」と。そのヒモをぱっと引くと、ランプがパパパッと点いて全工程が止まるんです。まさに「改善魂」です。そういう細かな工夫がたくさんしてある。その細やかさで、レクサスからアクアへうまく転換していったんですね。

でも海外の工場だったら、できるできないという以前に、「レクサスを作っていく予定でしたが、これからアクアを作ります」なんていったら、そこで暴動が起きると思う。「話が違う」っていってね。だからこんなことができるのは日本国内だけだと思う。トヨタの工場を見てしみじみ思いましたもの。よその国ではできないでしょう。最後の最後に日本にモノ作りが残るとしたら、そういう部分ですね。この柔軟性です。

前に山口さんがいっていた東北の工場の欠勤率はいくつでしたっけ？

山口 東北の欠勤率は０・数％です。

吉崎 そんな数字を示す場所は、世界中どこを探しても日本以外にはない。どんな職場でも、「今日はちょっと頭が痛くて」という人が普通は何人か出てくるんです。

山口　必ず出ますね。欠勤率は中国が圧倒的に多いですが、世界的に見ても最初から10％は見込んでおかないと工場長は失格です。だから10％は余分な労働力を確保しておかなくてはならない。

それが東北では0・3％程度ですから、これはもうほぼフルに出勤しているということです。しかもみな遅刻しないですから生産効率はすごい。そういう競争力が発揮できる分野は、たとえ円高になってもなんとかなると思うんです。

逆にいえば「円安にならなければ生きていけない」という時代は終わった。なんでもかんでも輸出できる時代はとっくに終わっているんです。

山崎　もう国策として「モノ作りに力を入れなければ」と意気込む必要はないんです。それは企業が勝手にやればいいこと。「日本はモノ作りの国だから貿易収支が赤字になるのは困る」ととらえてしまうのは、キャッチフレーズだけ考えている官僚の考え方ですよ。

吉崎　経産省がターゲティング・ポリシー（政府が戦略的に特定分野の産業を育成する政策）として、次世代産業を育成する取り組みは昔からさんざんやってきたことですが、まあこれは「2勝8敗」くらいの世界ですよね。

山崎　霞が関は経産省をなくしてしまえばかなりよくなると思いませんか？　わかりやす

い規制緩和でかつ強力な成長戦略です。あそこは霞が関というパズルの余計なピースになっていると思うんですよ。

吉崎　私は経産省という役所特有のオプティミズムが嫌いじゃないので、あの役所の人たちがいなくなるとちょっと寂しい。もしも経産省がなくなっても、あの役所の人たちは他の役所に入ってもらって、霞が関全体のムードを盛り上げていってほしい。

山崎　経産省の存続の可否はともかく、国内でモノを作れる人はどんどん作ればいいし、それ自体はとても結構なことです。でも、大きなトレンドとして、日本の賃金は円安になったとはいえ諸外国と比べると相対的に高いので、国内でモノを作るというのは、特に政策レベルでは気が利いていないと思います。

観光産業という〝筋肉〟を使っていない日本経済

吉崎　私は富山出身なものですから、「北陸新幹線が開通するが、富山県はこれからどうするべきか」という取材を受ける機会が増えてきました。

どうやら取材する人や富山県庁の人々は、外から人が大勢来てくれることを想定しているようなんです。富山の人というのはわりと愛想がなくて、うっかりすると、「この名物を探してきたんだけど」とお店に来てくれたお客さんに、「あっ、それないちゃ」なんていって追い返してしまいそうなところがある。だから、「そういうときは、ちゃんとほかのものを勧めなさい」なんていう基本的なことを、県が旗を振りながらいま一生懸命観光教育をしているんですね。

でも私はそんなことをしなくていいので、富山から外へ出ていった人が年に1度は帰りやすいようにすれば、それだけでも経済効果は結構大きい。どうせ100万人ちょっとしか人口のない県ですから、年に何万人か帰ってくるだけでものすごい経済効果になるんですね。私みたいに全国へ散らばった人たちが帰って手助けをしてあげたらどうかと思うんです。

山崎　逆に交通が便利になることで、富山の人たちが便利なところに買い物に行ってしまうという、富山経済にとってはマイナスの効果も生じかねませんよね。

吉崎　その危険性はありますよね。だから地元の百貨店はものすごい強敵と戦うことになります。

町おこしとか地方の活性化ということになると、それこそ山口さんがやっておられるような、誰でもできるようなことじゃない話になりがちなんですが、長続きする仕組みを作らなくちゃいけないと思うんです。だから「富山出身の人は年に1度くらいはすしを食べに帰っておいでよ」というだけで結構な効果が生まれると思うんですね。

山口　本当にそう思います。私も基本的にはアクロバティックなことをやってもしょうがないという考えです。

いま地方がどんどん衰退しているので、「それを食い止めなければいけない」ということで、まさに「活性化」だとか「町おこし」という話があちこちで出ている。

ところが、そこでやろうとしていることは、補助金をばらまいてハコモノを造るようなことばかりで、ちっともサステーナブルじゃないものばかりなんですよ。一時的にはいいですよ。ドーンとハコモノを造れば地元の業者に建設費が落ちるし、一時的には話題になるから2か月ぐらいは人が集まる。

だけど、3か月後くらいにはパタリと人が来なくなるようなものばかりですよ。なぜかというと、せっかく造ったハコモノも、地元の企業がテナントとして入りたいような造りになっていなかったりするからです。本当に地元の人たちが「使える」と思うようなものを造っていれば、建設コストを削ったものでも、その後に雇用が生まれるし、さらにそこで儲けた企業は税金を払ってくれるから、うまくいけば自治体だって税金で建設費をある程度回収することだってできるし、周辺の地価も上がってくる。そういうところまで持っていかなければ本当の活性化にはならないんです。

そういう意味では、吉崎さんがいうように、年に1回でも地元出身者を故郷に呼び込もうというアイデアは、極めてサステーナブルですよね。

吉崎　富山の名物・寒ブリは、地元の回転ずしに行くと240円のお皿に2貫乗っているんですよ。「富山の人ならわかるでしょう？　寒ブリが一番うまいのは12月と1月だよ」。そう呼びかければ、うまい寒ブリを食べに富山に帰ろうと思う人がきっと増えると思うんですよね。

山口　そうなんですよね。そういう継続性のある取り組みが一番強い。

一番やってはいけない地方再生というのは、一時的なお祭りにしちゃうもの。ところが、これってメディアが取り上げやすいので、すぐ飛びついてワーワーやるんですが、忘れ去られるのも早い。最悪のパターンです。

私がかかわっている岩手県紫波町のケースにちょっと触れると、地域再生プロジェクトの1つとして新しい図書館を作ったんです。

が、これとよく似ているのが佐賀県の武雄市。ところが自分たちで図書館の運営ができないというので、運営をTSUTAYAに任せた。公立図書館をTSUTAYAが手掛けるのは珍しいからジャーナリストが積極的に取り上げるので、いまでは武雄市の図書館のほうが有名なんですけど、考えてみれば、これは武雄市がTSUTAYAに委託料を払っているわけです。しかも、おそらくはもし赤字が出たら武雄市が補塡《ほてん》しますという約束までしている。それが本当に地方の活性化につながっているのかどうか、私は疑問ですね。テレビの取材なんかで地元の人のマイクを向けると、「ＴＳＵＴＡＹＡが来てよかった」なんていっていますけど、「ちょっと待ってくれ。本当に君たち、ＴＳＵＴＡＹＡが来てよかったのか。そこの収益は全部東京に持っていかれているんだぜ」なんて思ってしまうんです。

吉崎　温泉なんかでブランド化を上手にやっているところはいくつかありますよね。

山崎　北海道のニセコ町も、スキーには最高の雪質と温泉を目当てに、住民の何十倍もの外国人がやってきます。

山口　ただニセコのケースも、そもそもはオーストラリア人が「いいぞいいぞ」と勝手に口コミで評判を広げてくれたおかげです。こちらから発信して、外国人観光客の誘致に成功した例はまだ日本にはないんじゃないかな。いま政府が一生懸命「クールジャパン」を宣伝していますが、あんなものはカネの無駄遣い以外の何物でもないと思いますけどね。

山崎　矛盾ですよね。政府がやること自体がクールじゃない。

吉崎　ツーリズムという産業は日本が使っていなかった筋肉ですよね。ツーリズムの地位も低いし、規模も小さい。普通の国だとだいたいＧＤＰの10％ぐらいあってもおかしくないのに、日本は5～6％程度ですからね。

山口　外国人観光客数については、一時期減っていた中国からの観光客数が戻ってきたので、年間の訪日者数がやっと1000万人台に乗りました。

でも、これは考えてみるとひどい数字で、タイなんかだと年間2000万人の外国人旅行客を迎えているわけです。これだけ日本にいい観光資源があるのに、タイの半分ですから、この数字はあまりにも〝控えめ〟といわざるを得ない。

日本の観光業の特徴というのは、国内旅行のマーケットがある程度でかいので、外国人訪問客に手をつけなくても食えてしまうということなんです。京都や広島がいい例ですが、修学旅行がガバガバ来てくれるから、「外国人？　いらねえよ」になっているわけです。

吉崎　修学旅行は本当に観光業をダメにしてしまうんです。食事もお仕着せのものを出しておけば十分で、仮にクレームが出ても、その処理は学校の先生がやってくれる。こんな楽なことはありませんよ。

山口　広島で地元の人の話を聞いていると、「広島にうまいものはない」というんですよ。「なぜですか、魚だっておいしいじゃないですか」と僕はいうんですが、「修学旅行生が山ほど来るから、旅館の料理はうまくなくてもいい。だから料理人も育たないんだ」といわれました。それで旅館は十分食えちゃうらしいんですよ。

吉崎　奈良には「大仏商法」という言葉があるほどで、放っておいても客が来てくれるので、観光業者や旅館が積極的にお客を集めようという気持ちが薄いんです。だけど、大仏様を参ったら、お客は奈良を素通りして、食事や宿泊は京都や大阪へ行っちゃうんですね。

それに比べると福岡はちょっと期待できる。福岡というのは日本の中では珍しく、よそから人が来てくれて初めて成り立つ街なんですよね。昔から朝鮮半島を結ぶ玄関になっていたこともあって、「お客さんが来てくれて初めてわが街の繁栄がある」という日本では珍しいメンタリティが根付いた土地なんです。

山口　温泉旅館なんかの組合に呼ばれて講演をすることがあるんですが、そこに来ている人たちは、「楽天トラベルでお世話になっているんですが、なんとかもっと外国人観光客を呼び込みたいんです」なんていっている。そんなとき私は「あなたたち、なぜエクスペディアに登録しないの」と聞くんですが、「それ、何ですか」っていう反応なんです。

いま世界の旅行者が一番多く使っている旅館、ホテルの予約サイトというのは断トツでエクスペディアなんです。それなのに、いまだにそれを使わずして外国人を呼びたいと言っていること自体論外。いかに本気になっていないかの証《あかし》ですよ。

山崎　グーグルを使わないパソコンユーザーみたいな感じですかね。

山口　おっしゃるとおり。勘どころがわかっていない。エクスペディアにも登録していないで、「なぜ外国人は北海道ばかりに行くんだ」なんていっているからレベルが低すぎます。

逆にいえば、ツーリズムはまだまだ伸びる余地はある。ただ、日本の観光庁の取り組みもよくないんです。観光庁は「東南アジアはこれから伸びる、東南アジアの旅行者をとろう」といって旗を振っているんですが、東南アジアではシンガポール等2、3か所にしか駐在員事務所がないんです。これは、マレーシアもインドネシアもタイもベトナムもインドも全部、そこで管轄しなさいということ。これじゃあ本気で人を呼ぼうということにはならないでしょう。

韓国なんていま名前をあげた国には全部ありますからね。なので、日本の観光政策、特に外国人を呼ぶ観光政策は遅れに遅れているんです。

トップダウンで決まる国家戦略特区

吉崎　アベノミクスの第3の矢である成長戦略の目玉の1つが「国家戦略特区」ですが、どうも遅々として進んでいない。どうも今後もうまく行きそうにないですね。

たとえば東京都では9区のみが指定されているんですが、23区内に住んでいる人はおそらく自分の区が入っているかどうか知らないと思います。

山口　私も知らない。

山崎　知らないですね。

吉崎　政府は都内全域を特区にして規制改革の先陣を切ってほしかったようですが、東京都のほうが9区のみに限定しました。これには政府から反発の声が上がっているようですが、東京都にしてみれば2020年のオリンピック開催が決まって、腕利きの人材はオリンピックの担当に回っている。つまり……。

山崎　もともと特区なんてやりたくないので、手いっぱいを理由にして積極的には乗り出さないということですか。

吉崎　おそらくそうだと思います。

　今回の国家戦略特区の特長はトップダウンということなんです。しかも大臣ではなく総理大臣です。大臣をすっ飛ばして総理とその取り巻きの諮問《しもん》委員で、「こういうメニューを作りました。お宅の自治体でやりませんか」という組み立てになっているんです。

山口　農業特区に指定された兵庫県の養父《やぶ》市にしても、市長が手をあげて、安倍首相がみずから市を指定したというような構図です。でも、市長が手をあげて、総理大臣がそこにオーケーを出すなんていうやり方で、物事がうまく行くとは思えませんよね。

吉崎　小泉政権時に「構造改革特区」というのがありましたが、あのときはボトムアップでした。あのときの担当者がしていたことというのは、全国の自治体へのセールス回り。新しもの好きの市長とか変わり者の企画部長とかがいるところを中心に回って、英語の小中高一貫校が設置できる英語教育特区を作ったり給食特区を作ったりと、細かい特区作りをせっせとやっていたんです。ところがあとになって振り返ってみると、「なんだ、どぶろく特区ばかりできているじゃないか」と（笑）。

そこで、ボトムアップじゃダメだということで、安倍政権が総理直轄の諮問会議によるトップダウンで始めたのが国家戦略特区なんですよね。つまり、そもそもまず担当大臣がいない。代わりに行政の動かし方に精通しているとはいえない諮問委員が張り切っているわけですが、こういうやり方では現場はなかなかついてこない。そこが悩ましいところです。

山崎　特区は特区でも、ギャンブラーでもある我々としては、国会でカジノ法案を通してもらって、ぜひともカジノ特区だけは実現してもらいたいところですね。

吉崎　２０１０年にシンガポールがカジノを始めましたが、これは99年の都知事選に立候補した石原慎太郎さんが「カジノを東京に」といったのを耳にしてのことです。

山口　それで焦ってやったそうですね。

吉崎　そう、日本の先手を打つ形で、5年で法律を作って、5年で建てて、2010年にマリーナベイ・サンズとリゾート・ワールド・セントーサをオープンさせた。そのマリーナベイ・サンズを作ったオペレーターが、いま東京を狙っている、そういう話ですよね。ただ、東京都のほうは「オリンピックをやるのだから、これ以上はいいよ」という感じにどうもなってしまっている。そこで新たに有力視されているのが大阪です。

大阪には夢洲《ゆめしま》というカジノ建設に絶好の人工島があるんです。そこに全部作って関空から一発で行って、あまり悪さが外へ出ないじゃないですか。あと面積が結構広いので、2つぐらい作れるという。そうすると結構理想的だという話が業者の中で出ている。

人工島ですから、予想されるような反対運動はたぶんあまり起きない。ここは、もともとオリンピックをやりたくて作った島なんですよ。あの島ができたおかげで、面積で香川県は大阪府に抜かれ、日本で一番小さい県になってしまったという逸話もある島です（笑）。

大阪が理想的な候補地である理由の1つは、富裕層を世界から連れてくるからには、カジノだけじゃなく、周囲には世界遺産などの観光スポットもたくさんあったほうがいいわけですが、大阪なら奈良の大仏や京都観光、神戸ではうまいものを食べることができること。これは関西の人には非常に受け入れられる議論でね。

山口　ラスベガスにやってくる客だって、カジノにだけ来ている人なんかいないですからね。周囲には超一流のミュージカルやショーがあるわけです。カジノで遊べて超一流のショーも見られる。そうしたらお客が集まるのも道理です。

そんなものが大阪にできたら、関西経済にとってとんでもない起爆剤になりますよね。

吉崎 それはすごいでしょうね。まず自治体に莫大なテラ銭が落ちますから、大阪市や大阪府の財政が一気に好転するでしょうね。

日本のギャンブル市場は世界有数

山口 シンガポールはベイサンズの売り上げが約8000億円、セントーサ島のほうがおよそ6000億円。両方合わせると1兆数千億円です。そんな売り上げが突然できる産業なんてほかにないでしょうからね。

吉崎 しかも、シンガポールは確か投資額は1か所5000億円ほどらしいですね。その投資があっという間に回収できるわけです。

山口 私が投資銀行にいたときは、カジノを「ギャンブル」というと上司から怒られた。「ゲーミングと呼べ」と（笑）。つまり、ゲーミングというちゃんとしたインダストリーとして認識されているんですね。で、この産業は投資回収期間がめちゃくちゃ早い。ゲーミング関連の証券化商品なんて飛ぶように売れますからね。

山崎　カジノで遊ぶより、そっちを買ったほうがいい確率で儲かりそうですね。

山口　それは間違いない（笑）。

吉崎　いまのままだと成長戦略には目玉がなくて、「日本が変わるぞ」というメッセージがないんですよね。でもそこで「カジノを認めた」ということになれば、内外に対する強いメッセージになりますよね。

山口　日本のギャンブル市場は、ギャンブルだけに限って見ると、圧倒的に世界で大きいマーケットがあるんですよね。パチンコがなにせ図抜けていて約20兆円、宝くじだって約1兆円もあるそうです。

シンガポールのマリーナベイ・サンズが好調だといっても、日本の宝くじと同じぐらい。そう考えると、日本人はとんでもないギャンブル狂ですね。

吉崎　ＪＲＡも大変なものですよね。

山崎　売上高でいえば2兆４０００億円ほどですかね。

吉崎　一時は4兆円を超えていた時代がありましたから小さくはなっていますが、それ以上にフランスやイタリアの競馬の人気が低下しているらしいですね。だから日本の状況を外人騎手が聞けば、それは日本にやってきますよ。

山口　だからカジノの分野でもMGMグランドやサンズといった企業は、異様に大きい日本のギャンブルマーケットを虎視眈々《こしたんたん》と狙っています。

山崎　日本人の経済センスを磨くためにも、国内にちゃんとカジノを作って、ギャンブル教育をしたらいいと思いますね。NHKのEテレあたりで、「基礎ギャンブル講座」なんていうスタイルで小学生あたりから教えたほうがいい。

「ギャンブルというのは儲からないものだ。こういう仕組みで、確率はこうなっていて。だから自分が破産しないように楽しむためにはこうするものなんだ」ということをしっかり教える。それから「ギャンブルにのめり込むと依存症という病気になることもあるよ。大人になったらほどほどの範囲で遊びましょうね」と。そういう教育をすると、少しは日本人も経済がわかるようになるんじゃないかと思いますね。

株式投資にしても競馬にしてもカジノにしても、ギャンブルとかマーケットとかいうのはこういうふうになっているんだということを正しく繰り返し繰り返し伝える。そのことは結構必要なことだと思いますね。

第2章

アメリカ経済編

オバマがこけても アメリカ経済は世界最強になる

２０１４年のアメリカ経済はいい年になる

吉崎　アメリカではオバマ大統領のリーダーシップを疑問視する声がどんどん大きくなっています。そんな中、２０１４年の1月には、ＦＲＢ（連邦準備制度理事会）の量的金融緩和縮小の発表を受けて株価が暴落しました。それでも山口さんはアメリカ経済の成長力を高く評価されていますが、アメリカ経済に死角はないのでしょうか。

山口　オバマ大統領は経済政策に失敗しているともいわれていますけど、私はそうは思いません。基本的に「アメリカ経済のどこが悪いんだ」という立場です。

アメリカ株は確かに乱高下もありますが、その下げでさえ、いままでの上昇ぶりから見たら本当にちょこっと下がっただけ。リーマンショックみたいな大きなショックの前兆だとか、新興国リスクだとか、そんな理由で下がっているわけではありません。通常の相場の上げ下げの一環だと思います。

山崎　よく「アメリカがくしゃみをすると日本が熱を出す」といわれるように、アメリカが不景気になると、どうしても日本のほうに大きくしわ寄せが出やすい構造にあります。だから２０１４年1～2月、アメリカの株安を受けて日本でも株価が暴落しました。そのことで日本ではアメリカ経済に対する危機感が実態以上に受け止められたのかもしれませんね。

不景気だと一般的に金利が下がります。実際、アメリカの10年国債も以前は3％を超えていたのが最近では2・7％くらいのところまで下がってきています。しかし日本はというと、短期はほぼゼロ、長期は0・6％ぐらいのところに張りついていてもう下げようがない。ですから、アメリカの金利が下がったときに、ゼロに張りついている日本との金利差は縮小することになります。そうすると円にはどうしても上昇圧力がかかってしまうんですね。

だからアメリカのQE3（量的金融緩和第3弾）が縮小されることで、ただでさえアメリカ国内での投資が減るとか、アメリカの景気がパッとしなくてドルがやや下がるとかいうアメリカ国内の状況の変化があるのに、そこに世界景気後退という要因が上乗せされると、なおさら円高方向に圧力がかかりやすくなる。特に新興国の失速ということになると、安全通貨とされる円が買われることになりやすいので、どうしてもアメリカの景気後退的なショックが為替レートを通じて日本の株価に影響を及ぼしやすい。それだけに日本人はアメリカの景気に敏感になりがちなんですよね。

山口　アメリカ経済自体は底堅いです。気づいてない人も多いのですが、アメリカの株価がリーマンショック前の高値を抜けたのは意外と早いんですよ。２０１１年でした。

山崎　東日本大震災の前でしたよね。

山口　ええ。だからもう3年くらいで、ほぼ右肩上がりで高値を更新してナスダックの指数などリーマンショック前の値段になってしまった。つまり、アメリカの株式市場は実は一貫して非常に強かった。

　経済指標の中で、失業率だけは株価の上昇に最後の最後までくっついてこなかったけれど、ほかの数字はすごくよくなっていたんです。インフレ率にしても2％には達していないのでいまひとつですが、とにかく失業率が追いつかない。過去の不況脱出のパターンを見ても、こんなにも失業率が回復しなかった例はなくて、ついには戦後最長になってしまいました。それが問題点としてあったのは確かですが、その失業率もついに6％台になり全米で8％を超えている地域はゼロになってしまった。雇用者数もついにリーマンショック前の水準に戻りました。

　その他の分野も非常に好調です。回復して好調に推移していた株価の中で、例外的に立ち遅れていたのが金融セクターでした。

吉崎　そうでしたね。

山口　しかしいまや、金融政策の手助けもあって金融セクターまでもが急回復してきました。各社ともリーマンショックで傷ついたバランスシートの痛みがかなり深刻だったんですが、そのテコ入れに一番効いたのが、連銀がモーゲージバック証券（ＭＢＳ。不動産担保貸付債権の証券化商品）を直接買いに行くという施策です。一言でいうと、ものにもよりますがＭＢＳを１ミリオン買うと、トレジャリー（米国債）を３～４ミリオン買ったのと同じ程度のインパクトがある。つまり、連銀が自分でレバレッジをとりに行ってしまっているような施策なのです。

それにより一番厄介だった住宅関連のＭＢＳが片づき出したんです。ＭＢＳでもジニーメイやファニーメイ、フレディマックのような政府系の機関がきちんとまとめて証券化したもの以外にも、民間で証券化しちゃった住宅ローンが大量に塩漬けになっていたんですね。それが一連の量的緩和での資産買い入れでついに片づき出した。それによって一番どうしようもなかった金融セクターがようやく立ち直り始めたので、２０１４年はアメリカ経済にとってはすごくいい年になるだろうと思うのです。

山崎　経済を刺激するにはやっぱり不動産が効きますね。アメリカで「不動産証券を大規模に買い入れる」という話が出てきたとき、「なんだか筋の悪いものを買うな」と思ったんだけれども、やってみたらやっぱりそこが一番景気には効く場所だということだったということなのでしょうね。

長く続いた金融緩和は終わりに近づいている

山口　もう1つ、僕がアメリカ経済を推す要因にシェールガスもあります。シェールガスの評価は意見が分かれるところだと思います。だけど、僕は現場に行ってその盛況ぶりを見ちゃったんですよね。そうすると「これは一大事が起きている」と思わざるを得ないんですよ。ゴールドラッシュを生で見たわけではないですけれど、きっと同じようなレベル感なんだと思う。「これは何か別次元の出来事が起きている」と思わせる熱気があるんですよ。80年代のウォールストリートの活況だとか、1987年のオクトーバークラッシュの直前の好況とか、まさにああいう狂乱を久しぶりにアメリカで目の当たりにしたので、「これは何か起きるのではないか」というのが素直な実感なんです。

吉崎　アメリカ経済のいろんなデータを見ていますが、最近一番変わってきたのは住宅着工件数です。とにかく2009年、10年、11年と鍋底をはうような状態が続いてきた住宅着工件数がようやく底離れしてきた。なおかつ、05年の200万件にまでいったピークにはまだまだ至っていないので伸び代《しろ》もある。この状況を見ると、アメリカ経済の根幹にかかわる住宅問題がようやく片づきつつあるのだなと感じるのです。

そこをバックアップするのが毎年1％、300万人ずつ増えるという人口増です。3億人を超える人口大国で、こんな旺盛な国はありませんよ。そこが一番健全さを感じるところですね。

ただ、いまの事態は、長く続いた金融緩和の出口政策にもなっているので、これはすんなりとはいかないでしょう。FRBは量的金融緩和の縮小で、MBSと米国債の買い入れの合計を毎月100億ドルずつ減らしていって、14年の秋くらいにはちょうどゼロになる、というきれいな姿を予定しているわけですが、そんなに順調に物事が進むとは思えません。

一方で、いま起きているこうした事態について、名の知れた評論家が「アメリカで金融引き締めが始まっている」などとテレビで大真面目にいっているのを見ていると、意外とわかっちゃいないんだなあ、世の中に誤解を与えかねないなと心配になります。わが業界の大先輩なんですけどね。

山崎　グツグツに煮立った五右衛門風呂の火加減を強火から弱火にしたくらいの感じなんですけどね。

吉崎　そう。思い切り踏み込んでいたアクセルをちょっと戻しているだけです。

その手の勘違いをしている人は世の中には結構いて、そういう人たちが「いよいよ新興国のおカネは全部アメリカに戻ってくる」という発想をするので、新興国の株価下落も本当に起きるのかもしれません。

山崎　どうやらアメリカ経済の状況がよさそうだというのは、私も山口さんと同じ認識です。

株価の上下はあるにしても、それはすでにバブルの後半に差し掛かっているから、必然的に波が高くなってきているということです。このアメリカの好調に引っ張られて、気がついたら日本の株価も高くなっていた、ということになるのではないかなと思います。

前にも述べたように、景気の状態を時計にたとえてバブルのピークが12時でボトムが6時だとすると、アメリカが11時ぐらいで、日本が10時ぐらいという感じです。アメリカの株価が割高とされる水準まできたかどうかはまだ判断しかねますが、ちょっと高目ではある。そんな状況だと思います。

吉崎　アメリカの量的緩和を改めて数字で見てみると、それがいかにすごかったかというのを実感するんですが、リーマンショックのころのFRBのバランスシートは8000億ドルなんです。それがいま4兆ドル。なんと5倍になってしまったんですね。

2008～10年の最初のQE（量的金融緩和）で1兆7000億ドルをバーンと打ち出し、10～11年のQE2（量的金融緩和第2弾）で6000億ドル積んだ。さらにオペレーションツイストを挟んで、12～13年のQE3では、毎月850億ドル、年に直すと1兆ドルの資金供給を実施した。そうすると合計で約3・3兆ドルにもなるわけです。

アメリカの著名なエコノミスト、エド・ハイマンが、FRBのタカ派理事から直接聞いたところ、こう説明されたそうです。「アメリカのGDPは15兆ドルだ。マネタリーベースは半分まで増やしていい。つまり7兆ドルまでOKなのだ。ただ7兆ドルのところで止めようと思ったら、半分の4兆ドルぐらいのところでアクセルを緩め始めないと間に合わない。だから、2013年の暮れにアクセルをちょっと弱めたのだ」と。バーナンキがテーパリング（緩和逓減）を打ち出したのはそういう理屈らしい。

同じ理屈でいうと、日本のGDPは500兆円だからマネタリーベースは250兆円まで増やしていいことになる。ところが、いまもうすでに200兆円を超えていて、2014年の暮れには270兆円になるといわれているので、いかにも危なっかしい。日本は2年間でマネタリーベースを倍にし、それを「異次元の金融政策」と呼んでいるんだけれども、アメリカは5倍にして、なおGDPとの比較でいくとまだまだ余裕なわけですね。

ウォールストリートがもともと持ってしまっている懲りない体質

山崎　日本は現金決済の多い社会ですから、ＧＤＰ比でアメリカと比較するのは適当でない気がします。財政赤字の場合もＧＤＰ比で危険性をいわれることがありますが、日本政府のバランスシートは資産の側にかなり大きなものがあるし、金利の水準も違うので、ストレートに比較はできません。その手の話は財務省のポジショントークが入っているケースがほとんどですからね。

量的緩和については、アメリカの場合、もともとＧＤＰに対してはＦＲＢのバランスシートが小さかったと評価すべきだと思います。

ただアメリカの場合、ものすごい規模の緩和政策を果敢に実行したことでインフレ率上昇の懸念があったわけですが、現実にはむしろ下がっている。案外、貨幣の量はフレキシブルというか、相当な範囲で調整できるものなのでしょうね。

浜田宏一先生（内閣官房参与）の受け売りでいえば、「しょせん不換紙幣という制度は人工的な制度なのだから、人間は作ったものの価値がちょうどよくなるよう責任を持って調整しなければいけない。それなのに『バランスシートが大きく変わるのは大変なことだ』とか『貨幣価値を操作するのはいけないことだ』と批判するのは間違いだ」――ということで、金融環境が変わったのだから、それなりの調整が必要だったのだろうなと思うわけです。

吉崎　積極的に調整しても、懸念されるようなインフレはなかなか起こらないし……。

山崎　ええ。ただ、先進国ではいま、景気が悪くなったときに行うのは財政政策ではなくて、資産マーケットに働きかけて景気を立て直そうという金融政策に頼るのがスタンダードになってしまったので、不景気になるとこれを繰り返しやることになる。

そうすると、不景気のあとにブームが来ると、必ず過剰なクレジットが発生する。クレジットが過剰になってくると資産価格が上がるけれど、なかなかブレーキは踏めない。そういう循環でまず確実にバブルが起こる。バブルが起こると、それはバブルなのだから、必然的にいつかは崩壊して、崩壊すると今度は不良債権問題が発生する。そのサイクルを抜けられなくなっていますよね。

それをどうコントロールしていくかが問題なのですけど、いまのビジネスの構造、特に金融ビジネスの構造を見ていると、適切にコントロールすることは無理でしょうね。だから余計に、アメリカが緩和政策の出口をどう見つけていくかが見ものです。

山口　確かにウォールストリートを見ていても、「こいつら懲りないな」と思いますね。リーマンショック前にはクレジットが大膨張していて、レバレッジが10倍どころか100倍とかという商品がごろごろしていた。それが大暴落した直後は、さすがに「信用力が1しかないのに10も20もレバレッジをかけたりするのはもうやめようぜ」という反省があったんですけれども、いまこうなってみると、また同じことをやり始めていますよね。

証券化商品でも、「こんなものは2度とみんな作らないのだろうな」とか、「もう手を出すやつはいないんだ」と思っていたのに、実際はそんなことはなくて、また同じような商品がごろごろ出てきたというところを見ると、クレジットの膨張によるバブルとその崩壊というのは、ウォールストリートがもともと持ってしまっている体質みたいものかもしれないですね。

山崎　トレーダーの世界というのは、レバレッジを最大限に利用した一種のオプション価格理論の世界なんですね。

つまりトレーダーのボーナスというのは、いわば儲けを原資産とするコールオプションみたいなものだから、そのオプションの価値を上げるにはどうしたらいいかというと、レバレッジをかけてボラティリティを大きくすればいい。つまり自分が持っているオプションの価値を増やすために、自分でボラティリティを大きくすることができてしまうわけです。

だから、クレジットならクレジットでビジネスしているトレーダーは、会社にとらせることができるマックスのリスクまで必ずポジションを膨らませる。そういう仕組みがビルトインされています。世界一危険なデリバティブは、実は金融マンのボーナスというコールオプションなのです。

個人だって懲りずに借金を始める

山口　それから実は、アメリカでは個人もそういう体質なんですよね。ご存じのとおり、アメリカの住宅ローンというのは、借金が返せなくなったら現物の住宅を引き渡せば、あとは借金がチャラになるというノンリコースです。

たとえば住宅ローンを1億円借りたとする。アメリカでは、家の価値のエバリュエーション（算定）というのは非常に頻繁に行われて、1億円借りっぱなしで利息しか返していないという状態でも、家の評価額が1億2000万円になると、さらに追加で2000万円が借りられるという、日本人からしたらメチャクチャなシステムなんですね。

さらに1億円のローンのうち、たとえば2000万円返し終わると、「ローンの枠が2

000万円分空くので、どうぞご自由にお使いください」というのがアメリカの銀行のやり方です。

こういうシステムですから、FRBによる一連の資産の買い入れという状況の中で、住宅価格が戻ってくる。住宅着工も年間ベースで100万戸まで来ている。中古住宅の在庫もなくなっている――そうした一連の上昇の中で、個人がローンを組んでいる住宅の価格も上がり始めてきているんです。

すると、いままで1億円のローンを組んで買った自宅の価値が5000万円になってしまっていたアメリカ人はそれ以上カネを借りることができず、消費を抑え込まざるを得なかったのだけれど、住宅価格が回復してくると、ついこの前、痛い思いをしているはずなのに、またガバガバ借金をし始めている。それがいまの実態なんですよね。

山崎　個人の住宅にもオプションっぽいところがあるんですね。とりあえず住宅価格が上がるか下がるかわからない。だけど、上がった場合にはどんどんカネが使える。下がってうまく回らなくなれば、それを渡してしまえばいいんだ、ということになりますから、ある意味ではこれもオプションなんですね。
ローン会社のセールスマンは、もちろんマキシマムのポジションまで持っていこうとする。そういう仕組みが不動産ビジネスの中にビルトインされているんですね。ただ、それがビルトインされていることが金融ビジネスにとっては都合のいいことであり、ブレーキをかける人が誰もいないんです。

本来なら、トレーダーやセールスマンがリスクをとりすぎることを抑制し、リスク管理をするのが経営者の役割なのですが、その経営者にしてもストックオプションの毒がぽり回っているから、彼らはギャンブラーを取り締まる警察官ではなく、むしろギャンブラーの尻を叩く大ギャンブラーでしかないというのが金融機関の経営の姿になっている。そこはもう強欲の三層倍みたいな形で（笑）、誰もブレーキをかける人がいないのですね。

それはもちろん、当事者たちにとっては「ブレーキをかけないほうが儲かるからだ」ということになっているからで、これではしばらくは懲りないだろうと思うし、そこを修正するというのは仕組み的にものすごく難しい。

山口　難しいですね。アメリカは銀行の市場取引に規制をかけるボルカールールを導入したんです。けれども、完全に尻抜けになってきて、ほぼ意味のない法律になってしまった。これは金融サイドがものすごいロビーイングをしたためで、一番肝心なところが何も制限されない規制に成り下がってしまった。オプションのレバレッジには「何倍まで」という規制をかけたんですけれども、ローンのレバレッジに関しては一切規制がなくなった。おかげで、従来どおりのレバレッジで債券ではなくローンの証券化商品が組めてしまう。これでは全く意味のない規制をやっているような状況です。

出口戦略にはものすごく時間がかかる

吉崎　それがこれから始まる量的緩和の出口戦略の中でどう変わってくるか。ただ、これは初めての事態で全く前例がないから誰もわかりません、という話ですよね。１つだけ間違いないのは、出口戦略にはものすごく時間がかかるということ。４兆ドル以上に膨らんだＦＲＢのバランスシートはまだちょっとずつ増え続けているわけです。これはＱＥ３が終わってゼロになっても、まだしばらくは下がらない。買い入れた証券化商品などで満期になった分の買い替えをやっているからですが、それをなくして初めて下がり始めるわけです。

そうすると次のＦＲＢの焦点は、資産購入を段階的にゼロにしていくというテーパリングの後に、いつ買い替えを止めるかという点になってきます。それがたぶん２０１４年の後半あたりに見えてきます。そこで初めてバランスシートの縮小がゆっくり始まりますが、次には金利引き上げがおそらく15年のどこかで浮上してきます。金利が上がったとしたら、次にやらなければならないのは、これはかなり遠い先の話になりますが、ＦＲＢが持っている国債とかMBSを市場で売却するという瞬間がいずれ来ると思うんですね。

山崎　買い入れたものは売却するのが素直な処理の仕方ですものね。

吉崎　それに、売却しておかないと、再び危機に見舞われたときに、同じことをもう1度やろうと思ってもできません。金融政策の有効性を取り戻すためには……。

山口　バランスシートを1回小さくしないといけない。

吉崎　だから、この量的緩和政策の処理というのは、繊細で膨大な作業をあと何年もかけてやらなければいけないわけです。かつてアベノミクスやリフレ政策に反対していた者としては、「こんな恐ろしいギャンブルを日本がやらなくてよかった」というのが正直な感想です。これは長らく金融政策に信を置いてきたアメリカだからこそできたギャンブルであって、おそらく日本じゃ真似はできない。で、そのアメリカがこれからどうするかというところを、我々は見ていかなければならないわけですね。

ただアメリカから見ると、このタイミングで日本が黒田・日銀の緩和が始まったということは渡りに船でしたよね。自分たちの撤退戦が始まるときに日銀がバランスシートを増やしてくれるというのは、彼らから見ると非常にありがたい。

ときどき講演会とかで「日本は最終的にどうなるんですか」なんて答えようのない質問を受けるんですが、「我々はじっとアメリカを見ているしかないんですよ」というしかない。無責任なようですが、そうとしか答えようがないんです。

山崎　日本はいろんな意味でアメリカを見るしかないですよね。「脱原発だ」といっても、アメリカが「ダメだ」といえばできないだろうし。それはやっぱり戦争に負けた国でもあるし、会社でいえば連結対象ではないけれども、実質支配子会社みたいな、そんな感じの関係だというのは偽らざる事実ですからね。

アーミテージレポートの政策をなぞる安倍政権

吉崎　ところが最近、子会社があまり親会社のいうことを聞かなくなっているんですよね。同じく子会社の韓国は、もともと跳ねっ返りなところがあって、あまりいうことを聞かない。一方、いつもいうことを素直に聞いていた日本も最近は怪しくなってきている。オバマ政権は、あの手この手で安倍首相に「靖国には参拝するな」というシグナルを送っていたのに、この頑固な子会社の社長は親会社の意向を無視してしまった。

山崎　もともと「虫の好かないやつだな」と思っていたのに、あの一件で「こいつはものわかりが悪いだけではなくて、正気を失っているんじゃないか」と思ったのではないでしょうかね。

吉崎　あのときアメリカ側が発した〝ディスアポインテッド〟には複雑な意味が込められていると思うんです。あれで中国が喜んでいるから、「敵に塩を送りやがって」という怒りもあるし、「とうとう日本にまで裏切られたか」という失望もある。最近は中東もアメリカのいうことを聞かなくなってきているし、ロシアは昔からありとあらゆる罠《わな》を仕掛けてくる。もちろん韓国には手を噛《か》まれっぱなしです。そういう中で「日本だけは油断していられる相手だったのに、その日本までいうことを聞かなくなってしまったか」という、非常に複雑なディスアポインテッドがあると思うんですが。

山崎　アメリカは基本的には中国との対立が激化することを望んでいない、ということでしょうね。

吉崎　もちろん。好きこのんでそんなリスクを冒したくないですよね。

山崎　そんなことにコストをかけたくないし、仲よくやったほうが儲かるし。

吉崎　ただ、ペンタゴンあたりはまたちょっと違うことを考えている。

山崎　戦争は、ある意味ではアメリカにとって一番典型的な公共事業じゃないですか。だから、何かトラブルが起こることは軍産複合体にとっていいことなのかもしれないし、ときどき中東かどこかで局地的な紛争でもやってくれないと、作った爆弾の在庫が処理できないよ、というぐらいの感覚を持っている人もいるのだろうけれども、ただ、中国と本格的に対立することは、経済的な利害からいって、きっと望んでいないんですね。

吉崎　まして尖閣問題ごときに巻き込まれるのは、本当に彼らは嫌なわけですよ。だってアメリカの国益がかかっているわけじゃないんだもん。

山崎　日本と中国との対立が激化したら、アメリカが助けに来てくれるなんていうふうには、基本的には考えないほうがいいわけですよね。

吉崎　そうですね。安倍内閣の安全保障上の方針というのは、2000年の10月に出た第1次アーミテージ＝ナイレポート、いわゆるアーミテージレポートの第1弾に書いてあることそのままなんですよ。たとえば特定秘密保護法にしても、あのレポートのインテリジェンス協力を扱った4番めの項目の中でちゃんと触れられている。日米はインテリジェンス協力をそろそろやろう、やるからには日本はあまりにも公務員の秘密保護規程がないから、「日本の指導者層は、機密保持のための新たな法律について国民的、政治的支持を得ることが必要である」とちゃんと書いてあるんです。

だから安倍政権の政策は、あそこに書かれていることをいまシコシコとやっているというのが実態です。するとここから先の宿題は、集団的自衛権の解釈変更、さらに2014年の暮れまでに日米防衛ガイドラインで定められる、有事のときの日米の役割分担を見直しましょうという流れになります。

山崎　日本側の負担をもっと増やしましょうということですよね。

吉崎　ぶっちゃけ、そういう話です。ただし、いまのガイドラインは1997年に作られたものですから、ほとんどが朝鮮半島有事への対応策なんですね。尖閣諸島など、日本の南西諸島の防衛に関する規定はありません。できれば、年内にそこまでやっちゃいたいというのが日本側の真の狙いですね。

この辺の安倍内閣の安全保障政策は、ペンタゴンなどに巣食う体育会系の古い日米人脈の人が聞いたら涙を流して喜ぶような話なんだけれども、それがいまのアメリカのコンセンサスかというと、実はそうでもないんです。というのも、アーミテージレポートはあまりにも古い設計図になってしまっているんですね。第1次レポートの翌年には9・11があり、その後イラク戦争もやったし、さまざまな世界情勢の変遷があった。

一方で、オバマは当時のことなど全然知らないと思うんです。彼は安全保障の知識も豊富じゃないし、軍のことも全然わかっていない。実際、ブッシュ政権からオバマ政権にかけて国防長官を務めたロバート・ゲーツの著書によると、オバマは相当ひどい認識の持ち主らしいです。ただ、なぜか無人機を飛ばしてビンラディンを暗殺するとか、特殊部隊を送り込んで秘密工作をさせるとか、そういうことは嫌いじゃないという、かなり変わった人だということです。同世代人としていいますと、意外とテレビゲーム感覚なのかもしれませんね。そのオバマにしてみれば、「日本は安全保障の努力なんかしなくていいから、とにかく中国を怒らすなよ」ということなのでしょう。

そういう意味では、オバマの意向と安倍首相の意欲とのギャップが相当激しくなっている。いま、安倍内閣がやっていることというのは、オールドファッションな日米同盟人脈から見ると、「本当によくやっている！」という話なんだけれども、「でも、もうちょっと早くやってくれればもっとよかったのにねえ」ということになると思います。

アメリカ国民から見放されたオバマ

山口 共和党が政権をとったら、その辺は変わりますかね。

吉崎 これはかなり難しいですね。少なくとも靖国神社など歴史認識に関する問題は、実は民主党でも共和党でもそんなに変わらないと僕は思います。

ところがいまの安倍内閣の取り巻きの方々はそうは思っていなくて、「やっぱり民主党にはディスアポインテッドだぜ」みたいなことをいっていて、それが向こうに伝わってますます怒りを買っている。いま、親会社と子会社の間で相当なギャップが生じている状態です。

山崎　親会社の情報が十分入っていないまま、古い相談役の話を真に受けて、子会社の社長がいきり立っているような感じですね。

山口　オバマ大統領は経済政策に関しては非常に優れていますが、リーダーシップがないという点はアメリカでは普通の国民が感じていることなんです。国際問題になると何も決断することができず、すぐグズグズになってしまうところにアメリカ国民はもう辟易《へきえき》してしまっている。だからアメリカの企業なんかでは、無能な指導者に〝オバマ〟というあだ名がつけられるくらいなんです。

それでもオバマ大統領に一定の人気があるのは、ミシェル夫人がものすごくしっかりしているからです。いまのオバマ大統領の地位の90％はミシェルのおかげでもっている。そう陰口を叩かれるくらいミシェルさんはすばらしいし、オバマ大統領はだらしない。

だから心配なのは２０１４年11月の中間選挙なんです。そこでまた共和党に負けてしまうと、あと2年間、レームダック状態が続くことになります。そうなったら恐ろしいなと危惧しているんです。

吉崎　共和党の議席が多い下院は、今度の中間選挙でもおそらく共和党がさらに議席を増やしそうな状況です。民主党のほうが5議席多く議席を持っている上院は、ひょっとすると共和党が逆転するかもしれない。２０１４年の秋は、民主党にとってはきわどい選挙になりますね。
14年年初の一般教書演説で、オバマ大統領がTPPについてものすごく弱気な発言をしたんです。それをなぜか日経新聞は「TPPに意欲」と書いていましたが、おそらく予定稿をもとに記事を書いちゃったんでしょうね。

山崎　日経の意欲、じゃないかな（笑）。

吉崎　たぶん（笑）。

で、その弱気な一般教書演説があった翌日、上院のリード院内総務が「TPAには反対だ」といい出した。

TPAというのは「トレード・プロモーション・オーソリティ」という権限で、要するに議会の権限を大統領に差し上げますから、ちゃんと交渉してくださいというもので、大統領が他国とTPP交渉をするうえで必要不可欠のものといわれています。

それなのに、大統領が一般教書演説の中でいかに弱気だからといって、その翌日に議会側から「反対です」といわれてしまうほど権力基盤が脆弱《ぜいじゃく》なんですね。

貿易業界に身を置く立場としては、昨年後半から「TPP交渉は越年は当たり前、4月の日米首脳会談で一気に巻き返して、夏には妥結だ」なんていう見通しを立て、ずいぶんあちこちでいいふらしちゃったんだけれども、ファストトラックがなかったらそれもちょっと楽観的かもしれない。オバマは本当にわかっちゃいないなあ、とガックリきました。

山口　ダメっぽいです、本当に。

山崎　しかし、漠然と好イメージがあるし、プレゼンが上手だから、日本人の大半はなんとなく「オバマはしっかりしている」と思っていますよね。

山口　それが大違いなんですよね。もうバカにされているといってもいいかもしれない。歴代の大統領って、みんなそれなりにリスペクトされたものですけれども、僕は30年アメリカとつき合ったけれども、いい意味でも悪い意味でもこんなにリスペクトされていない大統領は初めてだと思うんですね。

吉崎　ブッシュでさえ信者はいたからね。それに会って話すと、みんな「いい人だ」と納得しちゃう。オバマは会うとつまらない人らしいです。

山口　アンチの人でも、「俺はブッシュは嫌いだ。だけどあいつは大統領だ」というようないい方で、あのブッシュにも一定の敬意を払っていた。オバマほどみんなにリスペクトされない大統領でこれからアメリカはどうなっちゃうの、という感じがしますね。

ヒラリー〝次期大統領〟の敵はケネディ駐日大使

吉崎　第1期はヒラリー・クリントン国務長官のように、非常に優秀な人が頑張ってくれたおかげでずいぶん助かった部分があった。彼女が抜けた穴は大きいですね。

山崎　適切な表現じゃないかもしれないけれど、ヒラリー・クリントンって、必要があれば平気で人を殺せそうな強さを感じさせますよね。そういう意味では大統領にふさわしいのかもしれない。

吉崎　ボスにするには非常にいいのではないですかね。この人についていったら大丈夫だろうと思わせる強さがある。間違いなく彼女は、２０１６年の大統領選挙に出ると思いますよ。

山口　対する共和党は、あいかわらずあまりいい玉がないですよね。

吉崎　少し前の『ＴＩＭＥ』に、「誰が彼女をとめられるか」というヒラリーを論じる特集記事が出ていたのですが、その表紙がすばらしかった。ハイヒールをはいた巨大な足の絵なんですが、ヒールのところに小人のように他の候補者がひっかかっているんです。もちろん、読者はその足を見て「ヒラリーの足だ」とすぐわかる。他の候補者が名乗りを上げようと思っても、ヒラリーが「私が出るかもしれないわよ」と思わせるだけで、誰も逆らえない、そういう記事なんですよ。

山崎 その他の候補者は巨大な下半身に踏みつけられる感じなんですね。

吉崎 そうそう、あまりにも彼女の存在が大きすぎるんですね。

これは『ＴＩＭＥ』の記事でも指摘されていましたが、彼女はもうすでに用意ができているんです。たとえば２０１３年の秋時点で共和党の有力候補といわれていたニュージャージー州のクリス・クリスティ知事は、まだ50歳代前半だし、彼が本気で大統領になろうと思うのならこれから大いに化けなければいけないわけです。そのためにたとえば海外の要人と会って写真を撮るとか、あるいは経済界の重鎮と親交を深めるとか、そういう準備期間が必要になるわけです。そういう準備をしていく中で本人も成長し、結果的にはぐっと伸びて大統領にまで上り詰めることができる——というのが美しいストーリーなわけです。

ヒラリーの場合は、「いまさら私が会わなければいけない人なんてこの世にいないわ」という感じでしょう。すでに各界の要人はほぼ知っているわけです。もう彼女はそういう存在なんです。あるいは、彼女が「私、あの人にちょっと会いたいんだけど」といって会えない人なんてたぶんこの地球上にはいない。そう思わせるくらい、彼女とその他の人間とは差がついてしまっている。

山崎　ただ、あまり早くに手を挙げてしまうと、２０１６年までに賞味期限が切れてしまう恐れもありますよね。

吉崎　だから彼女は、中間選挙で民主党がぼろ負けするのを待っているのでしょうね。出馬宣言はそれ以降になると思います。

山口　本当に中間選挙でまたねじれちゃったら、オバマ大統領は何もできない。

吉崎　そのあとの2年間は、非常に長いレイムダック期間になるでしょうね。

もう1つ、ヒラリー論で私がすごく楽しみにしていることは、ヒラリーは必ず会わなければいけない人がこの世に1人だけいるんですよ。それはキャロライン・ケネディ駐日大使なんです。彼女はヒラリーから見るとエネミー・ナンバーワンなんですよ。たぶん、復讐手帳の一番上にキャロライン・ケネディの名前が出ている（笑）。なぜならヒラリーは「２００８年の大統領選挙のときには、よくもオバマを支持しやがって」と思っているはずだから。

ところが、ヒラリーは２０１６年の大統領選挙までのどこかで、東京までやってきてキャロライン・ケネディに会わなければならない。

山口　会わなければならない？

吉崎　なんてったって民主党内の支持を確実なものにするためには、ケネディ王朝の末裔《まつえい》たる彼女のお墨つきが必要だから。これはヒラリーのほうから会いに行かなければなりません。何か東京まで来る用事を作って、来たついでに駐日大使のところを訪れたという体で手打ちをしなければいけないわけです。

そのときにきっとヒラリーは「2008年？　そんな昔のこと気にしているわけないじゃない。私、そんなにちっちゃな人間じゃないのよ」ということを見せにどこかで来るんですよ。それはすばらしい見ものになるなと。

山口　だははは。吉崎さんはあいかわらずマニアックだな～。

アメリカ世論を動かすシンクタンクのパワー

山崎　一方、共和党のほうはどうなってしまうのですかね。極右といっていい支持母体「ティーパーティ」の存在感が大きくなり出して、モデレートな共和党とどうやっても折り合えなくなってきていますよね。

吉崎　ティーパーティが党を突き上げた結果、実施された2013年の10月の政府閉鎖があまりにもひどかった。さすがにベイナー下院議長も堪忍袋の緒が切れて、彼らとの決別宣言をするような事態になっているので、状況は少しは改善していると思います。だけど保守強硬派であるティーパーティの票と資金のおかげで今日の共和党はあるわけですから、彼ら抜きの党運営も難しい。ティーパーティが党から割れてしまったりしようものなら、本当に票もおカネもごそっと失ってしまいます。

山崎　そう考えると、アメリカを実質的に動かしている主体というのはいったいどこの誰なんでしょうね。

たとえば日本の場合だったら、集合的な官僚の意思でしょう。ここには官僚だけではなくて、政治家もいたり業界の人が入ったりすることもあるし、誰か特定の親分がいるというのではないのだけれども、官僚共同体の利害と意思みたいなものを凌駕《りょうが》できるだけのパワーの主体が経済界にもないし、政治にも全くない。また、それによってある種の安定が形成されているともいえるし、停滞がもたらされているともいえるわけですが、日本を動かす主体になっていると思います。

そういう視点で見ると、アメリカを動かしている人、主体がよく見えないんですね。ビジネスの人たちが動かしているように見えなくもないけれど、日本の官僚組織のようなメンバーシップが安定していて、たとえば政治家やビジネス界に対してもアドバンテージを持っているような利益集団というのは存在しないじゃないですか。

吉崎　日本になくてアメリカにあるものとして、格好いい答え方をすると、1つはシンクタンクのパワーがあるんじゃないですか。

私も驚いたんですが、FRBの議長だったバーナンキが民主党系のシンクタンク・ブルッキングス研究所の研究員になったんです。ブルッキングス研究所には、私もずっと以前に1年だけ在籍したことがあるんですが、本当にちっちゃなところなんです。シニアフェローと呼ばれる人はいまでも100人もいないいんじゃないかな。彼がその中の1人に加わるというのを聞いて、びっくりしました。

山崎　それは福井俊彦さんが日銀総裁になるまでの間、富士通総研に腰掛けていたのとはちょっと違いますね（笑）。

吉崎　全然違う（笑）。要するにブルッキングスというのは秘書も車もつかないわけですよ。シニアフェローといっても、みんなたぶん10万ドルくらいなんじゃないかな。

山崎　本当に研究するところなんですね。

吉崎　そうなんです。研究者の服装を見ているとすぐわかる。高いものを着ていないんですよ。コーデュロイのブレザーにニットのタイかなんかして、みんな地下鉄で通ってくるんです。バーナンキもそういう生活をすることになるんじゃないかと思います。

山崎　所属している組織から高額な報酬をもらわなくても、サマーズみたいにがめつく講演料を稼ぎ回ればいいのかな。

吉崎　ちょっと昔話をすると、私が在籍した当時のブルッキングス研究所は、所長がブルース・マクローリーというニューヨーク連銀の副総裁をした人で、理事会の理事長はヘンリー・キャボットさんという人でした。当時私は「キャボット」という名前がアメリカでどういう意味を持っているのか全くわからなかったんですが、周りのアメリカ人が「あのキャボットだぜ」とかいうんですね。

　で、よくよく聞いてみたら、日本でいうと近衛家みたいなものなんですね。「アダムス・トーク・オンリー・ツー・キャボット、キャボット・トーク・オンリー・ツー・ゴッド」（アダムス家はキャボット家とのみ話をし、キャボット家は神とのみ話をする）というい方があるくらい由緒正しい一族で、なんでもピルグリムファーザーズの中でも最初に入植した高貴な家柄なんですって。その末裔がシンクタンクを運営したり、ファンドレイジング（ＮＧＯ活動のための資金集め）をしたりすることを誇りにする、そういう世界があるんですね、アメリカには。もう二十数年前の話なので、いまはどうなっているかは知りませんが、日本人にはなかなか見えてこない世界だと思うんです。

ここ数年増してきた多国籍企業のパワー

山口　シンクタンク一般でいえば、企業がものすごい寄附をしているので、山崎さんの「アメリカのパワー主体はどこか」という質問の答えになるかどうかわかりませんが、アメリカの多国籍企業の影響力というのはすごいと思うんです。世論の流れを大きく変えるだけの力はあります。

たとえば地球温暖化の問題が議論されているさ中にも、一方で「いや、地球は温暖化していない」というレポートもボコボコ出てくるじゃないですか。あれはアーミテージがかかわっているシンクタンクなどからも出されているわけですが、調べていくと、そのシンクタンクの基金の7割はエクソンモービルの出資だったりする。ロビーイングに強いエネルギー会社などが、そういう世論を形成していく可能性も非常に高いんですね。

吉崎　厳密にいえば、シンクタンクとアドボカシーという区別が必要なんですね。シンクタンクは原則的に独立、非営利、政策志向の立場だけど、アドボカシーというのはある権利を擁護したり代弁したりする団体。特定のイシューについての提言などを行う団体のことです。アメリカではこれが非常に多いんです。

山口　そうですね。日本ではこの2つが同じように語られたりしていますが、アドボカシーは完全に企業の代弁者みたいなものになってしまっていて、そこの提言やレポートが大々的に取り上げられてしまうことが多い。そうすると、なんとなくそれで世論が形成されてしまう。そういう傾向が最近特に強いですよ。

アドボカシーを動かしているのはエネルギー会社だけじゃありません。「遺伝子組み換え食品は健康に影響がない」というレポートがあちこちから大量に出ているわけですが、注意して見てみると、それはモンサントのスポンサーがついているアドボカシーがほとんどだったり。その意味で多国籍企業のパワーというのはここ数年増してきたなと感じますね。

山崎　オピニオン形成にも経済原理がすごく働いているということですよね。

吉崎　そういわれてみれば、確かにここ10年ほどの間には、全米的には深刻な不況があったわけですけど、ワシントンはずっと景気がいいんですよね。それは、いかに多国籍企業から大量のおカネが流れ込んできているかという証でもある。

ウォールストリートの時代はもう来ない

山崎　企業がオピニオン形成に力を持つのはわかりますが、その中における金融業のウエイトというのは近年どうなっているんですかね。

山口　ものすごく落ちたと思いますよ。私が実際身を置いていた時代から比べたら、ウォールストリートの凋落《ちょうらく》ぶりは目を覆うばかりです。だって、あのころというのは、それこそ怖いものなしで、「法律なんて俺たちが変えるんだ」ぐらいの勢いでやっていましたけれども、いまはそんな力はありません。２０１４年の2月にも、ＭＢＳの不正販売を巡って訴えられていたモルガン・スタンレーが、12億５０００万ドルの損害賠償を当局に支払うことで和解しましたが、ひと昔前にはこんなことは絶対起きなかった。明らかに投資銀行側が悪くても、「お前たちが悪い」と判決でいわれるようなことはなかったんですよ。

いい例が、かつてウォール街を席巻し「ジャンクボンドの帝王」と呼ばれたマイケル・ミルケンがインサイダー取引で捕まった件ですよ。実はモルガンもゴールドマンもみんな同じようなことをしていたのに、彼らはセーフ。ミルケンだけが1人血祭りにあげられてしまった。その後も、モルガンもゴールドマンもお咎《とが》めなしで、以後も同じような商売をずっと続けています。それがウォールストリートのある種パワーの源なんでしょうね。要するに「法律は関係ねえ、何かあったら変えればいい」というやり方だったんですが、この手法がリーマンショックで完全にとどめを刺されてしまった。金融持ち株会社になってFRBの傘下に入ってしまった手前、政府に盾突けなくなってしまったんですね。

それまでは彼らは政府のことなんてなんとも思っていないわけです。だって、FSAの検査——日本でいえば金融庁の検査にあたりますが——が来ても、平気でデータ改ざんとか隠蔽《いんぺい》なんかやるわけですよ。私なんかは「アメリカの金融機関ってすごくクリーンなんだな」っていうイメージを持ってその世界に入っていきましたから、その実態を知ったとき、「こんなこと普通にやっているのか！」と腰を抜かしそうになりました。それから比べたら、日本の金融機関なんて本当に従順なもんです。

吉崎　ちゃんと金融庁を恐れているだけまだましですね（笑）。

山口　そうです。彼らは、「怪しい取引があるから顧客情報を出せ」といわれても、絶対出しません。そのやり方を彼らは日本法人でもやろうとするんです。実際、ある外資の日本法人は金融庁の検査で求められている資料を出さずに突っぱねたんですね。ほかの証券会社の人間にこっそり聞いてみたら、「そんなこと日本だったらあり得ん！」と憤《いきどお》っていましたが、結局彼らは最後まで出さずじまい。それで検査は通過してしまいましたそういう意味で本当に怖いものなしの振る舞いを貫いてきたんですが、リーマンショックでズッコケて、政府のカネは入るわ、ＦＲＢのお世話になるわで、さすがに国民の税金まで使ってしまったのに同じやり方は通用しないぞということになったんですね。

山崎　日本から見ていると、金融機関の規制強化のためのボルカールールを骨抜きにしたりしているので、金融業界のロビーイングってまだまだ強力だなと感じるんですが、それでも往時の輝きはないんですね。じゃあ、そのパワーはこれから復活するトレンドに向かうんですかね。

山口　まだそういう傾向は全然ありません。もしかするとウォールストリートの時代はもう終わってしまったのかもしれない。少なくともモルガンにしてもゴールドマンにしても、ＦＲＢの傘下に入ってしまった以上、かつてのような投資銀行の自由な振る舞いはもう許されません。

山崎　商業銀行になってしまったわけですからね。

山口　預金者を守るのと同様に、投資銀行もそのルールに基づいてやりなさいということになってしまいました。一番単純な例でいうと、社長の給料もガクンと下げられました。僕がいたころのモルガンのトップ、ジョン・マックは年間60億円とか１００億円とか、そういうケタの報酬を得ていました。

でも、いまのモルガン・スタンレーの社長はおそらく20億円もらっていないんじゃないかと思います。そこからして違います。

山崎　それでもすごい額ですけど、「昔は100億だったのに、いまは20億しかもらえないのか」というのは、彼らにしてみるとすごいギャップですよね。

山口　これも政府からの規制で、「お前ら、社長にあまり払いすぎるんじゃねえ」ということでどんどん下げられてきました。そういう面でも往時の輝きはありませんね。

逆に元気なのは、穀物をやっているカーギルなどの穀物メジャーやモンサントのようなケミカル企業、それからシェールで復活しているエクソンモービルのような、古いアメリカの企業ですね。

「2強プラスその他」という構図

吉崎　でも、アメリカ3位の穀物商社・ガビロンは丸紅に買われてしまいましたね。

山口　アメリカの穀物業界も、ものすごく淘汰《とうた》が進んでいるみたいですね。

吉崎　そうでしょうね。日本の商社が買えるということは、相当値段が下がっていたということでしょうね。

山崎　ソフトバンクに買われたスプリントみたいなもんですか。

山口　穀物商社の世界も「2強プラスその他」という構図になっていて、その他大勢は出る幕がないという状況です。

吉崎　丸紅のガビロン買収は、中国の独占禁止法にひっかかるということで、中国がなかなか許可しないという事態になりました。まさかそんな伏兵が現れるとは思いませんでしたね。

山口　なぜ中国で？

吉崎　中国は膨大な量の穀物を買っているので、穀物の会社の数が減って穀物価格が上がるようなことになったら我が国人民が困る、というのが彼らの理屈です。

日本企業としてみれば、尖閣問題の余波を受けた嫌がらせとしか思えないでしょうけど、「アメリカの穀物の値段が上がって13億の民が食えなくなったらどうしてくれるんだ」といわれると、嘘くさいけど、一応聞かないわけにはいかないですからね。

山崎　「2強プラスその他」という構造はどういう業界でも作られますよね。

単純にシェアに応じてコスト競争力があるとすると、トップシェアの会社は2番手のコストに合わせて価格等で競争すると十分に利益が出るので、とりあえず2番手を生かしておいて、苦しいところにいる3番手以下のシェアを食っていけばいい。

トップ企業が自ら価格競争をガンガンやってしまうと、早く価格を下げてしまうことになって損をしてしまいます。だから1番手は2番手を生かさず殺さずにしておけばいい。3番手以下は食われる宿命なので、生き残るためにはゲームの種類を変えていかなければならないわけですね。

GEのジャック・ウェルチはきっとこれに気がついたんだと思います。グローバルで2番手以内に入る、あるいはその可能性のあるビジネスは残すけれども、それ以外のものからは撤退するという原則を彼は採用しましたけど、それはこの競争の原理を熟知していたからなんでしょう。

でも、そうやって勝ち残った会社が多国籍化して大きくなったときに、ふと気づいたら国よりも力が強くなっていたということも、アメリカを見ていると絵空事ではないかもしれませんね。

山口　そういう感触を僕は持ち始めています。

アメリカでは次から次へと経済の主役が変わる

山崎　アメリカの新しい企業でいえば、グーグルやアップルがその候補ということになるのかもしれませんが、でもアップルってそんなに強いイメージはないですよね。

時価総額は一時世界最大でしたが、いってみれば、これはものすごく幸運が重なった結果であって、形はいろいろでも中身はアイフォーンに似た実質的に単一商品を世界中に売り回っているわけだから、それは利益も出ますよね。

山口　それからなんといっても工場を持っていないのが、オールドエコノミーなどの従来の企業とは違いますよね。普通の企業の株価なら、「この会社はＲＯＥがこのぐらいだから」っていうことでだいたいの目安が出るじゃないですか。でもアップルとかグーグル、マイクロソフトっていう会社だけは、「ＲＯＥがここ」という基準値なんか関係ナシじゃないですか。だからどこまで買い上げても「割高だ」という根拠がなかなか見つからない。その一方で「今度はこんな製品が出るかもしれない」という、まだ誰も知らない新製品の情報だけでまたみんな買いを入れてしまう。いままでの株式市場では考えられない銘柄ですよね。

これがエクソンモービルなんかだと、ちゃんと自分で施設も工場も持っているし、「このくらいまできたら割高だろう」というラインは必ず出てくるんだけれども、あの業界だけはそれがないんですから。

山崎　グーグルなどは、収益の柱としては検索やコンテンツに連動した広告サービス「アドセンス」くらいしか大きく育って儲かっているものはないように見えますね。

山口　ただ、あの業界というのは、ある日突然、誰かが必ずちゃぶ台返しをするじゃないですか。新しいサービスの登場で、それまで最先端だったサービスが一瞬で陳腐化してしまうというちゃぶ台返しが。それの繰り返しですから、グーグルだって5年後に残っているかどうかわかりません。

吉崎　２０１３年の暮れくらいからナスダックが４０００ポイントを超える水準になってきましたが、ＩＴバブルが崩壊する直前はおよそ５０００ポイントでした。あれから幾星霜、２０００年にネットバブルとかＩＴ革命とかいって高値をつけたものが01年に崩壊し、その後しばらくオールドエコノミーの時代が続きました。

そのころ私は、「5年後くらいにもういっぺんＩＴ革命第2弾の時代が来るのではないか」という予測をあちこちに書いていたんです。それから10年以上経ってしまいましたが、いま起きている現実がそれに近いのかなと思っているんです。

ＩＴバブルが崩壊した後、２００３年くらいからの約10年間は資源価格が上昇し、新興国の時代となり、資源ビジネスを中心としたリオ・ティントのような会社がむちゃくちゃ儲けを叩き出した。そのおかげで日本の総合商社も経営危機を脱したわけですね。でも、こうしたオールドエコノミーは明らかにピークアウトしてきている。

おそらく2013年以降、世界経済はまた違うサイクルに入っていて、主役が新興国からもういっぺん先進国に戻ってきます。実際、新興国はいま、結構大変な感じになってきていますしね。ではそこではいったい何が伸びているのかというと、アメリカではハイテクセクターが強くなってきている。10年ひと昔で、またちょっとサイクルが変わってきたのかなという感じがしますね。

山口　アメリカは次から次へと経済の主役が変わります。前回のITバブルのときの時価総額のトップ10ランキングを見てみたら、マイクロソフトが残っているくらいで、あとはほとんど消えているんじゃないですか。なんだかんだいってもアメリカ経済が必ず浮上してくるのは、結局はそのスピード感なんですよね。

アメリカ人の消費マインドを一変させたシェールガス

吉崎　そういう意味で、最初にいわれたシェールガスなどというのも、極めてアメリカ的なイノベーションですよね。シェールガスの面白いところは、グリーンニューディールの真逆を行っているということですよ。

つまり、オバマが大型景気刺激策でガンガンおカネをばらまいて、ソーラーパネルみたいな無駄な投資をいっぱいやった。その恩恵で儲かった日本企業もあるわけですが、そのビジネスに携わっていた連中でさえ「おかげさまで儲けさせてもらいましたけれど、アメリカはあんなことでいいのですかねえ」って疑問に感じているような無駄な投資で、結局グリーンニューディールは失敗に終わったと思います。

その傍らで、再生可能エネルギーとは真逆のシェールガスという大ギャンブルに成功した人が出てきてしまい、アメリカに新たなエネルギー革命を起こしそうな勢いを見せ始めているんですから皮肉なものですよね。

シェールガスを取り出す挑戦は90年代からずっとやっていたんですが、ブレークしたのが2008年なんです。それまではみんな、シェールガスがそんなに安いエネルギー源になるということに気づいていなかった。ちょうどオバマが選挙で勝ったころから突然ドッと出るようになったんですが、それもそれほど人が住んでいないテキサスとかノースダコタ、サウスダコタあたりから出るものだから具合がよかった。

というのも、そういうところというのはうまい具合にパイプラインが走っているから、そこにパイプを繋ぎさえすれば、いきなり需要地へタダ同然の輸送費で持っていける。つまり、これまで石炭を焚いていた火力発電所で、タダみたいに安いガスを使って発電できるようになったんですね。なおかつ石炭よりもクリーンです。化学産業から見ても、突然原料費が半分くらいになっちゃうくらいのインパクトがあるんですね。

いままでエネルギーというのは、常に出るところと使うところが遠く離れていたわけです。中東からわざわざタンカーで危険なホルムズ海峡を通ったり、狭いパナマ運河を通ったり。天然ガスをわざわざマイナス162度に下げて液化して持ってきたり。それが突然、消費地のど真ん中でガスが出てきて、しかも非常に安く運べる。そこが最大のイノベーションですね。

山崎　北海道の温泉地である登別でお湯がタダみたいなものかな（笑）。

吉崎　いやいや、東京都心でお湯が出るようなものでしょう（笑）。そこらじゅうで温泉が出てしまって、「皆さん、ガス代を気にしないで毎晩温泉に浸かってください」みたいな話ですよね。

山口　おかげでアメリカでは電気料金は劇的に下がり始めているので、産業に与える影響も大きいんですよ。

シェールガスの将来性に対するネガティブな意見も以前からあるんですが、それはこのイノベーションに携われなかった人が悔しがって、「環境に悪い」とか悪口をいっているだけなんですね。彼らがいくら否定論をぶち上げても、もうしょうがない。完全にシェールガス革命の流れはできてしまった。

影響はそれだけじゃなく、実はシェールガスはアメリカ人全体のマインドにクリックを入れてしまったんです。つまり、消費の傾向も大きく変えてしまったわけです。

たとえば自動車ですよ。シェールガス以前は、「エコカーがいい。やっぱりプリウスかな」なんていっていたアメリカ人が大勢いたわけですが、シェールでクリックが入ってしまったら、また昔の嗜好《しこう》に戻ってしまって、リッター2キロくらいの燃費の悪い大型車が売れに売れ始めた。ここは日本の自動車メーカーが弱い分野なので、フォードとかGMの車が売れ出したんですね。

シェールガスの登場で原油価格も徐々に下がってくる?

吉崎　シェールガスでもう1つ面白いのは、アメリカ国内の化学会社は自分たちが損するのは嫌だから、あらゆるデータを使って輸出に反対しているんですね。
山口　いまは供給が多いから価格が低く抑えられていますものね。しょうがないから日本に輸出しようか、という流れになっている。
吉崎　ところが輸出されるようになって価格が上がると、化学メーカーはせっかく下がったコストがまた上がってしまって困る。だから輸出に反対しているんですね。国民経済の目線でいえば、「ある程度、シェールガスの価格を高くしないと新しい投資も起きないよ」という話なんですが、一企業の立場からしてみたら原料は安ければ安いほどいいわけですね。

山崎　そういう意味では、これから原油価格はどうなるんでしょうね。シェールガスの登場で原油価格も徐々に下がってくるようなことになると、消費者としては結構なことですが、資源投資で儲けていた総合商社の人間は気が気じゃないんじゃないかな。

吉崎　結構それはマジな議論なんですよ。「石油がダメになっても鉄鉱石があるさ」なんて考えたりしている。ただこれも、高炉メーカーの人に聞くと、日本の高炉は高性能なので相当品質の低い鉄鉱石でもそれなりの鋼材ができてしまうらしくて、「そんなに質のいい高価な鉄鉱石は必要としていませんよ」みたいな、商社の担当者が聞いたらドキッとするようなことをいわれちゃうんですよね。

そういうことからも、商社の関係者にシェールガス否定論者って結構いるんですよね。

山崎　資源価格が下がってもらっては困るから、「そんなにうまくいくはずがないさ」という希望的観測ですかね。

吉崎　まあ商社のビジネスは遠くから大量に運んできてナンボ、ですからね。

それに商社の手の内を明かすようですが、日本の電力会社は事前に費用を見積もってから、それに見合って電気料金を決めている総括原価方式をとっているので、商社から見れば、彼らは高くてもちゃんと買ってくれるいいお客さんなんですよね。

かつてはそれがよかったわけなんです。1970年代の石油ショックの後、総合商社は、全世界で資源開発に着手するわけなんですが、そういうことができたのは国内の電力会社やガス会社という立派な顧客がいてくれたおかげで、世界の市場でメジャーの強面《こわもて》の人たちを相手に、「ちょっと私たちも入れてくださいよ」といってつき合うことができた。いってみれば、1億人のマーケットが後ろに控えているからできた芸当です。

山崎　もう少しぶっちゃけていえば、「すばらしいカモを連れているから、この値段でも買えるんです。しかも量も値段も決まっているんですよ」とメジャーにいうことができたわけですよね。

吉崎　石油ショックのころですから、量の確保が最優先だったという事情はあるんですけどね。そうやって量が増えれば増えるほど商社も儲かる。そういう世界でした。

ところが最近、LNG（液化天然ガス）の取引もだいぶ様相が変わってきているそうなんです。

LNGも、昔はテイク・オア・ペイ条項という取り決めがあって、長期契約でなければ取引できなかったんですが、最近は4割ぐらいフリーマーケットになってしまっているんです。スポット買いができるようになったんですね。

石油というのはもともとスポット買いがメインでした。ひどいときは中東から運んできたタンカーが、シンガポールを越えたあたりで売り先を決めるなんていう世界ですよね。LNGもそういう商取引になりつつあるらしいです。

山口　そうすると価格は下がりますね。

吉崎　下がってもらわないと日本は困るんですけれども、つまるところ、原発を動かさないことには足元を見られて、石油やガスの価格を下げてもらえないんです。

山口　「高くてもどうせ買うだろう」と思われているんだ。

吉崎　そうなんです。「いくら高くても、どうせお前は買わなきゃいけないんだろう」と思われたら、値段は下がらないです。なにしろ米国産のシェールガスは入ってくるにしても2017年で、相当先ですしね。

適正な円ドルレートは?

山崎　すると貿易赤字は続くかもしれませんが、ただ化石燃料の輸入量自体はそんなに増えていないですよね。円安のせいで価格は高く見えるので、それの影響がやたらでかく見えますけど。

吉崎　量は増えてはいますけれども、そんなに劇的な増え方じゃないんですよね。ちなみに２０１０年と２０１３年を比較すると、ＬＮＧの輸入額はきっかり３・６兆円増えています。これは電力会社の人がよくいう「原発停止に伴う国富の流出が３・６兆円」というデータと整合的です。

山口　むしろ円安にしちゃったことが間違いだったんじゃないかと思うんです。僕は「あまり円安にしないほうがいい」とずっといってきましたが、実際このまま円安に行ってしまうと、輸入だけですごい金額になってしまいますよね。

吉崎　年間80兆円の輸入は大きいですよね。

山口　大きいですよ。アベノミクス以前と比べて2割円安になったとすると、やっぱりすごいインパクトがありましたよね。その2割がなければ、輸入はもっと少なかったですものね。

山崎　かといって円高にしたほうがいいかというと……。

吉崎　1ドル80円時代の為替レートは企業にはちょっと重たかったですね。特に3・11のあとに75円ギリギリまで行きましたが、あのときの円高と電力不安と、民主党政権のグズグズっぷりは日本の産業にとってはちょっと痛かった。

山崎　購買力平価で107円ぐらいですから、そのあたりが適正な水準ということになるんでしょう。もとも資産市場の適正価格って、理論値の上下に何割かまでは適正の範囲だというくらいのあいまいなものですよね。

山口　僕は1ドル＝100円っていうのが、すごく居心地がいいんじゃないかと思っています。

吉崎　私はもうちょっと円高でもいいかなと。たぶん産業界的には95円あればいいんじゃないでしょうかね。

山崎　本音はそんなところかもしれませんね。ただ、日本の雇用のためには、もう少し円安でもいいかなあ。

吉崎　造船は100円だけど自動車は90円でもいい。それぐらいの塩梅《あんばい》だと思うんです。ただ100円を超えて円安になってくれると、それだけで海外投資残が多い日本の大企業は、労せずしてバランスシートがよくなってしまうので、これが経営者には堪《こた》えられないんですよね。日本の大手企業は海外投資を山ほどしているので、その評価額が上がってくるんですから。

山口　何もしなくても数字だけよくなってくるんだからね。

第3章

中国経済編

潮目が変わった中国経済、そのとき日本はどうするか？

中国経済の潮目が変わったのは2010年

山口　僕は中国で長年ビジネスをやってきましたが、2010年に「こりゃヤバい！」と感じる出来事が続発したんです。そこから、急いで中国からの撤退戦を始めたんです。

ヤバイと思った理由は、中国共産党がいっていることと、我々が仕事をしている現地の地方共産党との意思が全くそろわなくなってきてしまったからです。

それまで中国共産党がいっていることを金科玉条にして現地に進出したり、おカネのやりとりをしたりしてきたのに、そのやり方がおよそ3年前からビジネスの現場でことごとく「ダメ」といわれるようになった。つまり中国共産党が決めたルールよりも、上海なら上海市のルールのほうが勝るんだと突然いい始めたんです。

不審に思って、中国に進出している日本企業の人たちにあたってみたら、どの業種の人も同じような経験をし始めていることがわかった。それで相当面食らいましてね。ああいう国だから、中央と地方でいっていることが食い違ってくると、我々としては何が正しくて、何がやったらいけないことないのかの判断がつきません。「間違いない」と思ってやっていたことが、ある日突然、中央政府から「お前ら、何やっているんだ」と睨《にら》まれ、差し押さえをくらうことになるかもしれない。その混乱が2010年ごろから目に見えてきたんですね。

吉崎　それまではまだ大筋では合っていたわけですか。

山口　中央と地方とで、いっていることが180度食い違うなんていうことはありませんでした。

それから別の動きとしては、僕がときどき意見交換していた中国人の学者たちが、それまで政府の政策を批判するようなことは全くなかったのに、急に「いまの経済政策はヤバい」と口にし始めたんです。この2つがちょうど同時に始まったんです。明らかに潮目が変わったなと感じたんですね。

中国には僕がだいぶ投資している日本企業がいくつか進出していたので、すぐに「いますぐ撤退を始めないと間に合わなくなりますよ」といって、退く作業を始めてもらったんです。中国みたいな国では、突っ込んでいる金額が大きいと一気に退けないんです。合弁相手とのトラブルも起こり得ます。だからちょっとずつやるしかないんですね。まだ日本企業の撤退ブームが来る前だったから、わりとスムーズに抜け出すことができたんですが、いまは撤退しようと思ってもなかなか簡単にはいきません。

吉崎　そのころの中国を取り巻く環境はどうなっていたかといえば、2009年に4兆元の経済政策を打って、10年には最初の尖閣沖で中国漁船による海上保安庁の船への衝突事件があった。レアアース問題も10年でしたね。それまで中国の肩を持っていた、ニューヨークタイムズ紙がさすがにあれは非難した。

山口　どうもあのころ、中国経済の風向きが変わったのではないでしょうかね。この政治的混乱と経済政策の混乱による経済の矛盾がいまになって表面化してきている。シャドーバンキングなどの不良債権問題もその1つです。まだなんとなく中国経済は回っていますけど、必ずどこかで行き詰まります。

実際、不動産はもう空き家だらけです。僕はこの10年、上海に通っていますが、上海でも空き部屋が目立ち始めている。

それでも不動産バブルが弾けず踏みとどまっていられるのは、まだ買った人が投げ売っていないからです。「まだ上がる」と信じているうちというのは、人間って投げ売らないじゃないですか。だけど誰かが「もうダメだ」といって投げ売ったら、バブルが崩壊するんだと思います。いまは少し価格が下がってきてはいても、いままで買えなかった層が「よっしゃ、俺も買おうか」なんていう雰囲気がまだあるんですね。

中央と地方のギャップ

吉崎　中国人の不動産取引の特徴は、借金して買っていないということなんです。手金《てがね》で買っている。だから塩漬けにできるんです。そこが普通の国と違うところです。

私も上海には毎年のように通っていますが、やっぱり中央と地方とのギャップをすごく感じます。2012年に行ったのは、尖閣国有化の直後、上海で反日デモが吹き荒れた1か月後ぐらいの時期でした。行く前に、双日の現地法人の社長に「こんな大変なときだけれど、私は行ってもいいんですか」と聞いたら、「こんなときだから君は来なさい」といわれてしまった。内心、逆をいってほしかったんですが（笑）。

で、上海で双日が顧客を集めて開く講演会でスピーカー役をしたわけですが、その講演会で「私にもちょっとしゃべらせてくれ」という人が現れたんです。重慶市の幹部でした。せっかくなので話してもらったら、彼は「重慶市は両江新区という巨大な開発を実施中です。深圳《しんせん》や浦東《ほとう》の投資に乗り遅れてしまった皆さま、両江新区《りょうこう》へぜひ投資してください」とパワーポイントを使ってすごく立派で上手なプレゼンをするんです。

でも、その2012年の秋というのは、中国に進出している日本の小売業や飲食店の店舗が破壊されたりして、日本の駐在員もみんな怒り狂っているとき。質疑応答のときに、日本企業の人から思い切った質問があったんです。「日中関係がこんな状態になっているのに、どうやって投資をしろというんだ」と。

山崎 時期的には、重慶市の書記だった薄熙来《はくきらい》が失脚した直後のころですよね。

吉崎 そうなんです。だからこそ、その質問は日本側が一番気にしているところだったんですね。

そうしたら、その重慶市の幹部は「我々重慶市は日本企業の利益を守ります、これは書記が替わっても同じです」と答えたんですね。政治的に微妙な問題についてバサッといってくれたので、「中国のいまのエリートというのは腹が据わっているな」と思う一方で、中央と地方のギャップはいったい何なんだと考えさせられました。

2013年の秋、9月下旬にも上海へ行ったんですが、そのときはちょうど、10月1日から上海で自由貿易試験区が始まるという1週間ほど前のタイミングでした。上海の対外経済貿易大学の日本経済研究センターが企画した日中のシンポジウムに参加するために行ったんですが、そこにやはり上海市の幹部がやってきたわけです。その人がいうには、「上海はこれから大実験をやる。これは何のためにやるかわかりますか？　TPPのためにやるんです」と、これまたこちらが驚くほど大胆なことをいう。ところが「具体策は？」と尋ねると、「間もなく出るから、もうちょっと待ってくれ」と。もう1週間後には試験区がスタートするというのに（笑）。

結局、直前になって具体的な内容が発表されましたが、それを読んでもよくわからないようなものでした。

現地の日本人商工クラブで聞いても、「ちょっと手が出せませんねえ」という。まさにさっき山口さんがおっしゃったような状態なんですね。

つまり、上海市は大いに乗り気なんだけれども、中央政府がいったいどこまで本気なのかよくわからないんです。上海の試験区は中国の経済改革の実験場だという触れ込みなんだけど、中央政府がどの程度の自由度を認めるかが判然としなくて、実際にはネガティブリスト化するといっていた規制が、ポジティブリストのままになるといった揺り戻しもあったらしい。だから、日本企業もどこまで踏み込んでいいのかなと悩んでいる。そんな状況なので、上海の駐在員の人たちは頭を抱えています。

山口　方向性が見えないんでしょうね。

貧乏だったときの記憶が残っている中国人

吉崎　もう1つ暗い原因はやっぱりPM2・5ですね。

山崎　空気の色からして暗いわけですね。

山口　やっぱりPM2・5の問題は深刻ですよ。僕は症状が軽くなっていた喘息《ぜんそく》が、中国に行ったらぶり返しました。健康被害は大変なものです。大人はともかく、子どもたちが可哀想ですね。

吉崎　上海市の周りだけで3000万人もの人が住んでいるわけですが、そもそもあんな海に近いところでPM2・5が出るというのは、いったいどういうことなんでしょうね。北京は盆地だから、まだ汚れた大気が滞留するのもわからなくはないけれども、海に面した上海で発生するというのは、もう尋常じゃない汚染が進んでいるということじゃないでしょうかね。なぜ中国人が本気で怒らないのか、本当に不思議です。

山崎　人間って、身の回りが急に汚れると拒絶反応を示すけど、徐々に汚くしていくと案外慣れちゃうもんなんですかね。

山口　中国人には、貧乏だったときの記憶がまだ残っているんですよ。僕らくらいの年代の中国人は、中学生のころまでは本当に食うのに困っていた。そういう記憶がまだ生々しく残っているわけです。だから少なくともいま、「メシを食うのに困らない」という時代になったことはとてもありがたいと思っている。多少空気が汚かろうが水が緑色になろうが、俺は飢えていない、それがなによりだ――いまはそんな段階だと思うんです。

でもこの状況は、あと5年したらどうなるかわからないですよ。だって元来、自己主張のすごく強い人たちだから。

吉崎　ロシアの議論をしていると、やはり同じことを感じるんですね。2000年代の最初の10年って中国、ロシア、インドあたりだと1人当たりのGDPが5~6倍ぐらいに急成長した時期なんです。10年で5倍になると、さすがにみんないきなりリッチになる。中国でいうと、1000ドル程度だったものが5000ドルになるし、ブラジル、ロシアだとだいたい2000~3000ドル程度だったものが、1万2000ドルぐらいになっているわけです。もちろん世界の平均値よりも上になっているわけですね。

そこまで来ると、さすがに中産階級ができてきます。いまはまだ「リッチになったからよかった。90年代は先進国に見下されていたけれども、ちょっと見返してやる」みたいな感じなんだと思います。

ところがこの中産階級は、これからは必然的に自由化とか民主主義を求めるようになってきます。でも政府としては、それは絶対に与えたくない。むしろ国家管理の資本主義だったからこそ、そこまで成長できたという面があるからです。

こうした新興国が抱える民主化・自由化をどう進めていくかという問題は、これから当然出てくる問題です。これまで西側諸国が「やっぱり君たちもちゃんと民主化しなければダメだよ。企業の透明性も高めなきゃいけないよ」などと上から目線でいってきた方向に、少しずつ向かわざるを得ないと思いますね。

中国の企業会計は問題が多い

山崎　企業の透明性ということでいえば、中国の企業会計は問題が多いといわれますね。

山口　そこは手を出すと大変です。ビジネスをしている取引先に、「お宅の財務情報をください」というのは、我々の世界では普通のことじゃないですか。でも、中国企業でそれに応じてくれるところはほとんどありません。

彼らは「出したくない」とはいいませんが、「うちはいろいろ事情があって出せないんだ。そんなに心配なら、担保としてお前の口座にカネを振り込むよ」というんですね。だから、全部有担保取引。そんな取引を平気でしてくるんです。

山崎　海外で上場している中国企業の場合だと、会計情報がきちんと出ない、まともな監査済み証明書もつかないということになると、上場基準を満たせなくなる可能性もある。そんな事態になると相当な混乱が起こりますよね。

山口　実際にアメリカの年金基金などでは「中国企業のコンプライアンスと信用情報は信用ならん」という人が増えてきています。彼らとしては中国の企業がアメリカで上場すると、一応その数字を信じて一定割合は買わなければいけないんだけれども、あまりにも信用がならんので、中国企業の株を買いつけ対象にすることは嫌だという投資家が出てきているんですね。そのうちに「上場基準を満たしていないから、君たちはいったん退場！」なんて、中国企業が上場廃止処分をくらうんじゃないか、というリスクを感じている投資家は実際に現れてきています。

山崎　そういう意味では、中国のバブル崩壊だけなら中国国内のしばらくの景気低迷という形で収束するかもしれないけれど、海外に進出している中国企業がはたしてそのままグローバル・スタンダードに合った活動をしていると見なしてもらえるか、という問題に飛び火する可能性がありますね。そうなると資本市場はだいぶ混乱することになる。

山口　そこは重要なテーマになりますね。長く海外でやっている中国企業の中には、もう中国にいたくなくて、必死になって出てきている企業もあります。そういう連中は中国に帰る気もないので、グローバル・スタンダードにきちんと合わせるし、「中国がつぶれても俺たちは構わない」という気概を持っている。でも、それは中国企業の少数派かもしれません。

世界の金融市場は中国の不動産バブル崩壊の影響を受けない

山崎　ずっと懸念されている不動産バブルはどういう結末を迎えますかね。状況を整理すると、まず不動産価格は明らかに高すぎるわけですよね。大都市の一般的なマンション価格が普通人の年収の20倍とか30倍とかというようなレベルで、たぶん80年代の日本でもお目にかかれなかったような価格になってしまっている。

ただ、買い主が主に手金で買っているということになれば、ファイナンスはそんなについていないわけですか?

山口　少なくとも大都市圏の物件というのは手金で買っている人がすごく多いです。

山崎　いわゆる理財商品で集まったカネが不動産投資に直接向かっているわけではなくて、地方政府だとか中小企業の貸し付けに回されているわけですか。

山口　おっしゃるとおりです。だから中央の不動産というのはその意味で姿が見えるんですが、ただしこれが地方に行けば行くほど、「このおカネ、どこから持ってきたの？」というおカネの回し方をしているので、地方はその限りではないんです。

地方経済は基本、借金で回っているので、どこかで「僕はもう返せません、ダメです」という人が出てくれば、たちどころに不良債権化してしまいます。さらに「あそこが不良債権になっているのだったら、こっちも危ないのではないか」ということで各地に飛び火するでしょうね。

山崎　ということは、日本でいうと1991年ぐらいの感じでしょうかね。

山口　そんな状況かもしれません。

山崎　株価はハッキリ下がり始めているけど、まだ全国レベルで地価は下がってきていない。ヤバそうなものだけ例外的に値段が下がり始めていて、これから投げ売りが始まったら、しばらくどうしようもないなという状況ですね。

ただ、サブプライム問題のように、アメリカの不動産債権をヨーロッパの銀行や邦銀に輸出しているわけではないので、そうなっても海外への金融的な波及は少なくてすむ。

山口　波及はほとんどないでしょうね。大部分が中国国内で回ってしまっているので。だから中国のバブルがはじけたとしても、国際金融に対する影響力は実はあまりないと見ています。

山崎 景気への影響だけになりますかね。

山口 そうですね。中国経済が減速すると、きっと他の国の輸出が伸びないといった問題が出てくるでしょうね。

山崎 日本が成長率の屈折を経て低成長に落ちついたように、いずれ中国もその方向に向かうのでしょうけどね。

吉崎 いま掲げている7％成長は、潜在成長力から考えると高すぎますしね。

あの国の経済の問題の1つは、高齢化社会を迎えるにもかかわらず、安心できる金融商品がないということなんです。つまり、年金制度はあるけれども原資を積み立ててないし、20年後、30年後のための民間の養老年金みたいなものもない。そういうものがあれば、みんな不動産なんか買わなくもいいわけです。でも、それがないから利殖のためには不動産を買うしかないし、どうかすると書画骨董みたいなものまで買ったりする。理財商品がちゃんと金利がついて償還されるものなんだ、という信用がおけるものになればいいのでしょうけど。

中国人経営者の能力は日本人経営者を上回る

山口　僕は中国経済のもう1つの問題は人口問題だと思っているんです。もともと労働人口の減少は2020年からだとずっといわれていたんだけれども、それがだんだん前倒しになっていて、いまは2015年、下手すると2014年かもという意見が出始めているんです。もう今年、来年の問題です。

そこで本当に人口が減ってきたときに、経済に負の大きなインパクトを与えることになるのではないかと思うんです。日本のバブル崩壊に近いことが起きるんじゃないかと。

山崎　たぶん時計でたとえると、1時半か2時ぐらいの感じなんですよね。そこで引力が働くと一気に3時、4時と水面下に針が回ってしまう。ただ、そうなる時期はもちろん、どれくらいの影響を与えるものなのかというスケール感が読めないのがもどかしい。

山口　国際金融に対する影響では、ドルがどうなった、ユーロがどうなったということに比べたらはるかに小さいと思う。話としては「中国バブル崩壊」というのは面白いですけれども、でも僕らみたいな金融マンが本気でとりあわなくていいのではないのかなという気がしています。

吉崎　影響があるとしたら、スイスの匿名口座に預けられていたおカネが突然引き出されるとか、そういった形をとるのではないですか。

山崎　国際金融への影響が全くないということはないと思いますね。

山口　海外から本国に資金が引き戻されるレパトリエーションではなくて、逆に中国から資金がガーッと逃げていいんじゃないかな。

吉崎　ただ、中国経済のすごいところも認めなければ、その実力を正確に測れないと思います。たとえばＩＢＭがレノボにパソコン事業を譲渡したときには、今日のシンクパッドの隆盛は予想できなかったと思うんです。つまり、我々にない経営力を中国人経営者は持っているということは認めざるを得ないと思うんです。中国経済というのは10％成長をもう十数年続けてきましたが、その中で育ってきた経営者には非常に優秀な人材がそろっている。また彼らは、相対的に若い。これも強みです。

山口　それはいえますね。

吉崎　京セラの稲盛和夫さん、イトーヨーカ堂の鈴木敏文さん、オリックスの宮内義彦さんみたいな人が、まだ40～50代でゴロゴロいるような経済なんです。そこはちょっと頭に入れておかなければならない。

山口　そこは全く異論なしです。

吉崎　これからの中国経済には、結構荒っぽいことも起こると思いますし、その中で共産党の組織なんかは混乱するかもしれませんが、大動乱の中でも選別され、生き残ってくるすごい経営者も出てくるでしょうね。

山口　グローバルに出ていっている中国企業上位10社の社長が英語ができないという会社は1社もないですよ。いや、トップ100をとっても、社長が英語ができないという企業はないでしょうね。そういう意味で中国企業の経営者は、日本企業の経営者よりはるかにインターナショナライズされています。

僕は中国でビジネスをするため一生懸命中国語を勉強したんですけど、ビジネスの場で中国語を使わなければいけない場面って実はないんです。金融業界なんかだったらもちろんだけど、青島の魚屋さんですら英語をペラペラしゃべれるからなんです。結局、僕が中国語を使うときってカラオケスナックに行ったときくらいしかない（笑）。何のために俺は中国語を習ったんだってね。でも、それくらい中国人経営者は英語を操ります。

そこで本音をいうと、悔しいけれど日本人の従業員と中国人の経営者というのが組み合わせ的にはすごくいいと思います。従業員は日本人のほうがはるかに真面目。これは間違いないです。だから中国人の優秀な経営者は、みんな日本の会社の社長になりたいと思っているんじゃないかな。

実際、中国企業に買収されたラオックスなんかを見ていると、意外とうまくいっているんですよ。それまでわりとルーズだった部分がかなりタイトにされて、従業員の給料も上がったというし。日本には、まだ中国人に買収された会社は少ないですけれども、意外と幸福な結果になっているんですね。

山崎 社長というのは人柄がいい人より、がめつくて合理的な人のほうが部下はメシが食えますよね。

吉崎 モチベーションの違いでしょうね。経営者ってモチベーションを維持することがすごく大事なんです。だけど日本企業の中で普通に暮らしてきちゃうと、その人が経営トップになっても、そこであくどく、がめつく儲け続ける執念、モチベーションを維持するのはもう難しくなる。

山崎 そうですね、普通の人だと、ほどほどのところで満足してしまうんですよね。

吉崎 ちょっとよくなると、メディアがわりと褒《ほ》めてくれちゃったりするから「この程度でいいのかな」なんてね。そう考えるとユニクロの柳井正さんなんていうのは、いつまでもモチベーションを高く保っている例外的存在ですよね。その代わり、すごく孤独な人だろうなと思う。褒めてくれる人もいないし。結構立派なことをしていると思うんですけれど、批判されることも多いしね。

山崎　日本人の場合、コンプレックスの塊みたいな人がそれを燃料にしてモチベーションを燃やし続けるタイプを除くと、わりあい皆あっさりしちゃっているんですよね。

吉崎　ワタミの渡邉美樹さんなんかはそのタイプかな。

山崎　名前はあげませんが、経営者、学者、作家で存在感のある人の多くが、背が低かったり、学歴に難があったりする人たちですね。残念なのは、そうやってがむしゃらに頑張る経営者は概して見栄えがあまりよくないので、なかなか若い人から憧れられる存在にならないところですかね。

根強く残る出身地の壁

山口　さて、いまの政権がいつまでも続かないということになると、これからの中国はどんな形の国になっていくとお2人は見ていますか。

山崎　体制は共産主義だけれども、国民性は資本主義に非常に向いていますよね。カネに対するモチベーションは高いし、少しでも早く金持ちになりたいという意識は強い。バクチも恐れない。いかにも資本主義向きです。

だけど、政治的な意識というか社会の形成の仕方という部分で見ていると、自由とか民主化を重視して「みんなで決めましょう」ということよりも、強いリーダーがいて、そのリーダーについていくという形になっている。そういう社会の作り方と、経済に関する意識とがちょっとズレていますよね。そのズレが今後どうなるのかが鍵になるんじゃないですかね。

中産階級が増えてきて豊かになってきたから、自由化を求めるようになるだろうし、民主化を求めるようになるのだろうけれども、はたしてそういう形で中国の社会がまとまるかと考えると難しい。民主化した政府で一国をまとめるには中国は大きすぎるし、もしかしたら民主化していく過程で国が分かれていくかもしれません。

山口　実際に中国企業と合弁で工場を作ってみて知ったのですが、従業員が出身地によってグループを作ってしまうんですよ。だから現地で採用する場合に最初に苦労するのは、違う出身地の人たちとどうコミュニケーションをとらせるかということ。俺はどこの省の出身だ、俺はどこだっていって自己主張はするけれど、話し合うというカルチャーがないんです。そこのコミュニケーションをうまくとらせるようにしていかないと、出身地の違う人同士で足の引っ張り合いを始めちゃうんですね。

シンクロナイズドスイミングの中国代表チームのコーチになった井村雅代さんが最初にぶつかった壁もそれだそうです。シングルはいいんですが、デュオを組ませたときに、出身地の違う選手だとお互いに足を引っ張り合う。だからシンクロにならないというんですね。

そういう出身地の壁というのはいまだに根強くあるので、山崎さんがおっしゃるような民主化の過程で国が分離するというのは実に説得力がある。分かれてしまったほうが当人たちも居心地はいいと思うんですね。

中国は「独立国家共同体」に向かう

吉崎 ただ、「13億人のマーケットですよ」と対外的にいうことで、すごくメリットを得ていることは彼らも自覚しています。だから指導者たちは〝中国の夢〟みたいなことをいわなければいけないのでしょうね。「これまで虐《しいた》げられてきた中華人民の時代がやってくる。不当に低く見られてきた中国帝国がついに復活するんだ」ということを、常に発信しなければならないわけでしょう。

山崎 ということは、旧ソ連が崩壊して独立国家共同体に移行したような形になっていくのですかね。

山口 僕はあの形を予想しています。いくつかの地域がスピンアウトしていくところから始まって、最後には7億とか8億ぐらいの人口の国が残るみたいな、そんなイメージかな。

吉崎　確かに彼らがよく台湾やチベット、ウイグルのことを「核心的利益」というのは、そこが中国から離れていく可能性を意識しているからこそなのでしょうね。

中国共産党体制というのは、中国の長い長い歴史の中で見ると、わりとうまくフィットした統治体制なのだろうと思うんです。それまでは、出来のいい皇帝が続いている間はいいけれども、変なのが出たらすぐにおかしくなった。ところが集団指導体制にしたおかげで、それなりの力量の持ち主が続けて指導的な地位に就くようになった。しかし、じゃあそれが永遠に続くかというと、またそれは別な話。

私はいまの中国共産党体制というのは、日本における自民党型政治システムに似ていると思うんです。日本における自民党型システムは、80年代の竹下登さんが首相の時代に完成形になったと思うんですけれども、こういうものって完成形になると、その後そんなに長く続かなくてどこかで瓦解《がかい》していく。いまもその過程で、日本は崩れかけたこのシステムをところどころ修正して、いまだにだましだまし使っているような状態なわけです。

中国共産党システムも江沢民から胡錦濤、胡錦濤から習近平と、この10年ごとの交代というのがちゃんとできているけれど、やっぱり永遠には持続しないでしょう。習近平が最後かどうかは別として、完成形に近づけば近づくほど壊れ始めると早い。きっとそういうものなのだと思うんです。彼らも基本的には共産党の一党支配のシステムを維持しながら、部分的に修正を加えて、だましだまし使っていく、そういう形になっていくのではないですかね。

山崎　じゃあ、建前は共産党だという形もしばらく続くということですか。

吉崎　「そこはもう壊れとるやんけ！」と突っ込まれても、「いやいや」と受け流していく。そんな形が当分は続くんじゃないですか。

中国共産党員になれるのは選ばれし者だけ

山崎　中国の場合、支配者層の人材の入れ替えはどういうシステムになっているのですか。

吉崎　党総書記や首相を含む党中央政治局の委員は68歳の定年制が敷かれています。

中国共産党は、党員が8000万人くらいいますが、誰もが簡単に入党できるわけじゃないんですね。申請書を出して入党の意思表示をしてもすぐには入党を認められず、何段階かのステップを経て晴れて党員になれるわけですが、たとえば日本に留学体験があると、なかなか党員にしてもらえないらしいのです。

中国では民間企業も含めて、いろいろな組織の中に党員の集団があります。そこで開かれる党の集会には、党員じゃない普通の人は入れてもらえない。いつもと同じ会議室で、いつもと違うメンバーがそこで話し合って大事なことを決めているらしいけれど、党員以外は参加できない。

入党の意思表示をしている人が「早く僕も党に入れてくださいよ」というと、「お前は日本に留学していたからいまはまだダメだ。もうちょっと待ってからだ」といわれたりするそうです。

だからそうやってなかなか入党できない人の中には、共産党ではなく、別の野党的なグループ・中国人民政治協商会議に入って、その中で出世を目指そうと考える人もいるらしいです。

政治協商会議には共産党に外から意見をいう野党の役割があるんです。中国の人にいわせれば政治協商会議というのは日本の参議院みたいなものらしいですけど、中国共産党という主流ではないほうのグループに入って頭角を現すという道もあるそうです。

一方、中国共産党のほうでは、偉くなれるかどうかは結構若い時代に選別をされているみたいです。

山崎　家柄が重視されるんですか。

山口　コネはすごく大事だといわれます。

吉崎　コネと、それから大学時代の成績なんかもあるのでしょうね。

　それから共産党の予備軍である中国共産主義青年団も、将来の幹部候補を育てる機関として働いていますね。胡錦濤、李克強もここの出身です。日本でも、それこそ自民党のネットワークが全国に張りめぐらされていた時代というのがあったじゃないですか。それに近いようなものがあるんだと思うんです。

　ただ、これまでの共産党のエリート養成システムが、はたして1人っ子世代のいまの中国においてちゃんと機能していけるのかというと、たぶんいろんな問題が出てくるんだと思います。

　上海に住む中国人の友人に聞いた話ですが、彼が所有するマンションには、日本と同じように住民による理事会があるそうです。そこでは皆共同所有者だから、同じ権利を持っている。そして、いかに自分たちの共同資産の価値を上げるか、あるいは落とさないようにするかという共通の利害がある。そうすると、そこにはまさしく民主主義が生まれてくるわけです。

　マンションの理事会なんていうと日本でもそうですが、大規模修繕のためにみんなで蓄えていたおカネを前任者が使い込んでいたり、わざと値段の高い業者に修繕を頼んでおいて理事がキックバックをもらっていたりとか、そういう不正が見つかるのですって。そうすると、善意の理事が現れて、「こんなけしからんことが行われていた」といって、カネを取り返そうとするようなことが起きる。まさしく民主主義じゃないですか。

急激な民主主義化が起こる可能性もある

山口　中国人は極めて資本主義的な人たちなので、共通利害を守るとか自分の利益がかかわってくるとなると、日本人よりもむしろダイナミックに動く人たちなので、急激な民主主義化が起こる可能性もあると思います。

山崎　論理的でダイナミックで、そしてせっかちですよね。

山口　本当にそう思いますね。まだ「飢え」の記憶があるうちは共産党体制に対する忠誠もあるのでしょうが、飢えた経験がない若い人たち中心の時代になったら変わるだろうと思いますね。むしろ日本より民主主義っぽくなるんじゃないですか。中国人の友人なんかは「日本のほうがよっぽど社会主義だ」といいますしね。

吉崎　日本人は我慢強いから社会主義に向いているのかもしれませんよね。

山口　いまのところ、共産党の利害と民衆の利害が一致しているからいいんだけど、みんな心の中では共産党の幹部のことを「こいつらアホだな」と絶対に思っている。腹の中では「もしもこいつらが俺たちの利益にならないことをいい始めたら、もう俺は知らんぜ」とみんなたぶん思っている。だから共産党支配が綻《ほころ》び出したら、崩壊は早いと思いますね。

吉崎　中国がいくつかの国に分裂していくとしたら、そのときは混乱するんでしょうかね。それともソ連が崩壊して独立国家共同体ができたように、意外にスムーズに新しい体制に移行していくんでしょうか。

山口　利にさとい人たちだから、いざとなったらおカネ優先でしょう。だから僕はずっとスムーズだと思いますけれどもね。

吉崎　私は上海によく行くのですが、あそこに住んでいる人たちの気持ちの中には、「どうしていつまでも俺たちが田舎の貧乏なやつらの面倒を見なければいけないんだ、俺たちは俺たちだけでとにかくカネ儲けしたいんだ、もう好きにさせてくれよ」という思いがあるように感じるんです。だから体制が崩壊するとなったら、真っ先に独立しようとするかもしれません。世界の資本主義の原動力を維持するためにも、上海はあの姿のままでいてほしいなと思いますね。

中国を出たいと考える中国人

山口　しかし面白い国ですよね。中国のいくつかのアンケート会社や金融機関が資産1億円以上の人にアンケートをとっているんですが、その結果、なんとそれに該当する資産家の70%が「中国国外で暮らしたい」と回答しているんです。さらに恐ろしいのは、そのうちの3割はすでに海外に住む準備ができているという。

同じことを日本でやったらきっと逆でしょう。7割の人は「日本がいい」というはず。いや9割ぐらいになるかな。意識が全く違うんですよ。国を捨てて出ていくことに対する心理的ハードルの低さは僕らの想像を絶します。

山崎　海外で暮らしたいという日本人は、どっちかというとおカネのない人ですしね。アジアのどこならいくらあれば一生暮らせるらしい、とか考えているような人たちです。

吉崎　おカネがあるのだったら日本国内がいいですよね。自然や気候も悪くないし。

山口　日本はその点、すごく珍しい国ですよ。アジアの中で「自分の国が一番いいんだ」と思っているのは日本人ぐらいじゃないかな。みんな「すきあらば、海外でいい生活をしたい」と思っている。中国人もチャンスがあればドンドン出ていきますよね。

だからそういう金持ちを取り込まないといけないんです。そうした海外の富裕層に「日本国債を10億円分買え、30年間絶対に売ってはいけない。それが約束できる者には日本国国籍を与える」といったら、きっと中国から金持ちがゾロゾロやってきて、日本の財政赤字問題もあっという間に解決しますよ。

冗談抜きで、中国人の友だちの何人かから真面目にいわれましたよ。「お前は娘がいても、もう大きいのだから養子をとれ。うちの子どもを婿養子に持っていけよ。うちの息子を養子にとってくれたら、日本国籍がもらえるんだから」なんてね。

山崎　本気なんですね。

山口　そうなんです。だから私も「冗談じゃないよ」ときっちり断りました。

でも、彼らは真面目にそういうことを考えています。ストラテジーとして自分の子どもを日本人と結婚させて、日本国籍を取得させようということを真剣に考えている。この感覚の人たちとつき合うのは大変ですよ。顔つきは似ていますけれども、考えていることが違いすぎますからね。

山崎　そういう意味では日本人のほうが田舎者ですよね。

吉崎　グローバルな感覚はあまり備えていませんよね。良くも悪くも島国ですから。

日本人化するアメリカ人

山口　ただ戦時中に日本の一部だった台湾の人たちが、いまでは中国人気質よりも日本人に近い感覚を持つようになったのと同じように、中国人も日本に定住すると、骨抜きにされて、日本人化しちゃうような気がしますけれどもね。

やっぱりカネに対するモチベーションを常に持ち続ける生き方より、日本人のようにそこそこで満足する生き方のほうが楽ですからね。実際、アメリカ人なんかでも、10人のうち3人ぐらいは日本が楽だといいます。

吉崎　確かに日本が大好きになるアメリカ人っていますね。ただし嵌《は》まるタイプというものもある。たとえばアニメが好きだとか、アメリカ人のくせに自分を持っていないような人だとか、つまり、どう考えてもアメリカの競争社会の中で生き抜くにはちょっと弱いかなと思うような人。そういう人が日本へ来ると、「あっ、ここは自己主張を貫かなくてもいいんだ。AでもBでも、ましてやCでなくてもいいんだ」といちいち選ばなくてもいい社会に居心地のよさを感じるんでしょうね。

山崎　日本は社会全体でマッチョに誇ることをあまりよしとしないですね。平均に劣ることにはすごく敏感だけれども、マッチョに誇るというか、「こんなに金持ちだぞ」と誇示するのはあまり好かれない。

吉崎　日本人にはなじみが薄い「セルフエスティーム」という言葉が英語にあります。日本語に直すと「自己肯定感」、もっというと「自尊心」ということになりますが、そういう意識がアメリカ社会はとにかく強くて、「おれは立派なんだ、おれはこんなにすごいんだ」ということをいい続けなければ生きていけない社会なんです。

一方、日本はむしろ「いえいえ、私はたいした者ではございませんから」というのが美徳の社会。その世界が、マッチョなアメリカ社会の中で生きづらさを感じている人にとっては、ほっとできる場所なんじゃないですかね。

山口　そうだと思います。だからアメリカ人も日本の社会に慣れてくると、どんどん日本化してくるような印象ですね。

山崎　易《やす》きに流れちゃうんですかね。

山口　みんな角がとれてくるんです。もともとはマッチョだった人間が、自己主張もあまりしなくなってきちゃう。

山崎　大陸では他人を警戒してのし上がろうとしていた人間なのに。

山口　日本に来ると、その警戒心を持たなくていいわけですからね。周囲から突然、「何だ、このやろう」と殴りかかられることもないし、誰かにひどいだまし方をされる心配も少ない。それがわかってくると、いままで肩ひじ張って生きてきた人間もだんだん力が抜けてくる。力を抜いてみたら「こんなに楽なのか！」って思うみたいです。

台湾人は中国ビジネスにおける切り札的存在

吉崎　台湾もそういう社会ですよね。日本統治時代の台湾を生き抜いた、現在では80代くらいの人々を取材した『台湾アイデンティティー』というドキュメンタリー映画を見て私、ボロボロ泣いてしまったんですが、そういうものを見ると戦後、いかに日本人が台湾のことを忘れ、無視してきたかを痛感させられるんですね。本当に申し訳ない気持ちでいっぱいになるんだけれど、彼らは全然日本を恨んでいないんです。その感覚がなんとなく日本人に通じるものがあって、だから余計に泣いてしまうんですが、共通しているのはやっぱり島国感覚みたいなものがあるからなんですかね。

山口　あの共通性というのは島国感覚なんですかね？

吉崎　台湾もセルフエスティームを強く打ち出さなくていい社会なんだと思うんです。台湾の親しい知人と話していたら、こんなことをいうんです。「台湾は日本のサイレントパートナーですから」って。

「お前、そんな優しいことをいっていていいのか。もっと自分たちを主張しないと台湾の利益にならないでしょう」といっても、「いろいろ強くいえないのはわかっています。でも我々もわかっていますから」と謙虚すぎないかと思うようなことをいうんです。

山口　そこまでいうようになると、もう中国人じゃないですよね。そうなってくると、台湾が中国化する可能性はあまりないわけですね。人間的には全くならないですね。実際、なっていないですよ。

吉崎　彼らは「ウィー・アー・タイワニーズ。ノット・チャイニーズ」ですから。

山口　そう、台湾人をチャイニーズと呼ぶと怒りますよね。「おれはチャイニーズじゃない、タイワニーズだ」と反論される。

だから日本と中国がオリンピックなんかで対戦しているとき、僕の自宅なんかで一緒にテレビ観戦していると、台湾の人は絶対に日本を応援しています。日本と中国とがいたら、99％日本側につく。これは見事ですよ。

だから、食ったり食われたりという金融の仕事で中国人とビジネスするときって、僕は中国人と直接交渉しないんです。まず台湾人で頭の切れそうな人を探して、彼らに交渉してもらうんです。彼らは中国人としてもビヘイブできるし、日本人を裏切るようなこともない。僕らにとっては中国ビジネスにおける切り札的存在なんですね。
山崎　なるほど！　中国ビジネスは台湾がキーなんですね。
山口　僕はそれでとても助かっているんです。中国人と直接交渉しなかったことで助かったことが本当に多かった。それほど台湾は日本にとってありがたい存在だと思います。

あと10年あれば間違いなく日中の立場はひっくり返る

山崎　台湾と協力して、というのもその1つですが、今後、日本は中国とどう経済的につき合っていくのが正解なんでしょうかね。
山口　これは異論もあると思いますが、中国が日本を名実ともに抜いてしまったら、もう日本のことは眼中になくなるんじゃないかと思いますけどね。
日本を抜いたら中国の目にはもうアメリカしか映らないし、そのときには「もう日本なんて属国だ」くらいの気持ちじゃないでしょうかね。ここで大きくズッコケなければ、あと10年あれば間違いなく日中の立場はひっくり返るでしょう。
そうなったら尖閣問題も、「もういいよ、尖閣も」となるんじゃないでしょうかね。
吉崎　最近の中国は海洋進出の野望を持ち始めたので、海の問題は簡単に解決しないと私は思いますけれども、それ以外の懸案の靖国問題とか歴史認識とかについては、あまり口を挟んでこなくなるだろうなとは思います。あれは中国が作戦としていっているだけですから。そのうち「大国たる中国としては、小さな日本にそこまで目くじらを立てなくてもよい」といってくれるんじゃないかと思うんです。

山崎　なるほどね。じゃあ商売はしやすくなるんですかね。

山口　しやすくなる、かな……。中国に相手にされなくなるかもしれない。

吉崎　朝貢《ちょうこう》貿易になるのかも。

山口　中国がズッコケずに成長していくのなら、日本の側が「すみません、お願いですからおつき合いしてください」という格好になってしまう可能性が一番高いかもしれません。

吉崎　でも、中国の成長がこのまま続くほうが、日本の経済にとっては都合がいいわけですよね。

山崎　アメリカ並みの巨大市場がもう1つ登場するわけですからね。

ただ中国が日本を抜き去るとなると、そのときには中国の賃金は高くなっているはずだから、わざわざ中国に工場を作ったりする必要はなくなるわけですよね。我々の子孫が中国に出稼ぎに行くということはあるかもしれないけれども、日本企業が中国に工場を作ったりするような関係じゃなくなりますね。

山口　ＮＨＫの大河ドラマ『八重の桜』を見ていたら、会津藩の「什《じゅう》の掟《おきて》」というのが出てきました。「虚言を言ふ事はなりませぬ」とか「弱い者をいぢめてはなりませぬ」とかいうものですが、あのドラマを見ていたら、「あ、中国では全部逆だな」と思ったんです。中国では什の掟の反対が正解になる。「だまされたほうが悪」ですし、少なくとも金融界では、まず弱そうな者を見つけるのが最初の仕事で、見つけたらそいつをみんなで叩く。それが鉄則です。だから日本とは対極なんです。

でも世界的に見れば、中国的なものでないと勝てません。

吉崎　そう。日本のルールがユニークなんです。人の見ていないところでも同じようにやりなさい、というのが日本。人の見ていないところで頑張るやつはバカ、というのが中国を含めたほぼ全世界の普通の感覚です。

中国企業の台頭には抗えない

山口　ただアメリカには、日本人に近い考え方を持つ人が多いように感じますね。要するに、「卑怯なことをするな」「フェアでなければダメだ」という価値観があるでしょう。だから自分の子どもにも、「人をだますな」とうるさくいうし。

彼らにはガンマンスピリッツがあるけれど、それは僕らが持っているサムライスピリッツと結構似ているところがあると思うんです。

山崎 野生エコノミックアニマルである中国人には、サムライとかガンマンみたいな余計なものが入っていないのかな。

山口 もちろん、いまの中国社会に歪《ゆが》みがあるのは間違いない。

ただ金持ちになってくれれば、だいたいみんなやりたいことって似てきませんか？ 中国人だってもう少し金持ちになれば、かなりソフィスティケイトされてくるんじゃないかと思いますけどね。

山崎 カネを持つとまず不動産を持ちたくなって、不動産を持つと社会が安定してほしくなる。それからカネを持つと、バカ息子を少しでもマシな人間に育てて有利な条件で社会に押し込もうとする。世界的に見ても、金持ちってだいたいそんな考え方ですよね。

そういう中で、日本人の大多数は平均より劣っていなければよしとする国民性を持っています。

山口 そして、それがモチベーションになっていますよね。

山崎 だから、恐れているのは同期の中で落ちこぼれること。外資ほど給料をもらえないのは気にならないけれども、同期の中で落ちこぼれるのは嫌だと多くのサラリーマンが思っているんです。

そして、その心理を巧みに使っていたのが、かつての日本的経営なんだと思いますね。高い給料を払わずに、優秀な人材を使うことができたわけですから。

ところが外圧もあって労働市場の流動化が進んでくると、今度はカネを払わないと優秀な人を使えないという形になってきた。日本的経営の弱点が目立つようになってきたんですね。

山口　中国が豊かになって台頭してくると、そういう日本の企業人はいやでも市場原理にさらされるようになるでしょうね。

山崎　でしょうね。かつてのヨーロッパ型の投資銀行というのは日本企業的な面があって、社員もミリオンを超えるほどの報酬はもらわないけれども、ミドルリスク・ミドルリターンのところでそれなりに活躍するんだ、というスタイルでした。

そういうロンドンのマーチャントバンク的な世界に、ビッグバンをきっかけにアメリカの資本がポンと入ってきて、「ワンミリオン出すぞ、ツーミリオン出すぞ」といって優秀な人材を客ごと引き抜いていきました。

結局、市場原理・成果主義の組織と、そうでない「ほどほど主義」の組織が同じマーケットで直接ぶつかると、ほとんど市場原理主義のほうにくわれてしまうんですね。その後、多少の揺り戻しはあるにせよ、ビッグバン後のロンドンを見ていると、「市場原理によってこんなに簡単にくわれちゃうものなんだな」としみじみ思いますね。

吉崎　これから日本と中国との間でも同じようなことが起きますね。

山崎　まず金融業はカネの世界だから、どこよりも早くそういう変化が起こるでしょう。それだけでなく、日本の製造業や商業でも中国資本になるところが出てくるだろうし、あるいは中国資本の会社が日本市場に入ってきて競争し始めると、日本企業がバリバリくわれて市場で存在感を失っていくということが現実になります。

その流れに抗《あらが》うことはできないので、個人としては都合のいいものを利用して自分を高く売ればいいと割り切るべきでしょうね。

また日本の経営者は、やはり同じゲームのルールに適応しないとくわれていくということを肝に銘じておくべきです。「うちは生え抜き優先主義で転職者は採らないんだ、家族的で給料はあまり変わらないんだ」なんていうことをいっていると、できる社員から先に引き抜かれていくことになります。

中国語をもっと勉強しよう

山口　だから、これから中国を研究するっていうことは、個人でも企業でも大事なことになってくるんだけど、そこで「日本人って不思議だな」といつも思うんだけれども、中国語を勉強している人があまりに少ないっていうことなんです。仲のいい国の言葉を学ぶよりも、仲のよくない国の言葉を学ばないと、敵の手の内がいつまで経ってもわからないと思うんですけどね。

アメリカなんかも、日本と戦争しているときのほうが日本語学習者は多かったというくらいでしょう。敵を知るためにはまず相手の言葉からですよ。日本人にはその発想が希薄です。これから中国とはそれこそいろんな意味で摩擦が起きてくるのだから、もうちょっと中国語のできる人を増やさないといけない。

僕は岩手県・紫波町のファイナンスアドバイザーをしている関係から、岩手県紫波町長を説得して、岩手県の高校で強引に中国語を選択科目にねじ込もうとしたんです。「これからは中国語です。英語なんか東京へ行ったらできるやつはゴロゴロいるけど、中国語はまだ少ない。だから、これはチャンスですよ」といって、高校生に中国語を勉強させる環境を作ってもらおうとしたんです。

でも、それだけでも結構効果があって、片言でも中国語ができるというので就職先は多いらしいですよ。

山崎 膝を屈するにしても、相手のことを学んでおけということですね。

山口 英語って、完璧なバイリンガルになるにはアメリカで生まれていない限り無理です。でも、中国語はバイリンガルにかなり近いところまで行けます。僕なんかが中国語をしゃべっていても、簡単な会話だけなら中国人だと錯覚されることがよくあります。

日本人は漢字を使っているから覚えるのが早いし、すぐなじむんです。日本人は英語を10年勉強するのだったら、中国語を3年勉強したほうがはるかに効率がいいんですけどね。

吉崎 それと同時に、日本人は日本語ができる中国人を大事にしたほうがいいと思いますね。彼らを反日にしたらもったいないですよね。

特に私が注目しているのは天安門世代の人たちです。あの時代の若者で、中国に絶望して日本にやってきて日本語を勉強した優秀な人たちがいます。あの人たちを大事にしてあげたほうがいいと思うんです。彼らはすでに日本に投資をしてしまっているので、いまさら簡単に日本から離れていくこともできませんし。

山口 そういう人的な資源、つながりは本当に有効活用していかないといけないですね。

でも僕は、日中関係は結構楽観視しているんです。かつて2000年もの間、なんとかつき合ってきたんだから、これからだってなんとかなる。そう思いませんか？

第4章

新興国経済編

BRICsブームは完全に終わった

再び訪れる韓国の外資引き揚げリスク

吉崎　新興国経済について議論しようと思うのですが、まずはお隣、韓国から始めてみましょうか。

これは、とあるコリアウォッチャーがいっていたのですが、韓国人の悪い癖は、願望と未来予想が一緒になってしまうことなんだそうです。つまり、「日本なんてもう落ちぶれてしまえばいいのに」と思っているうちに、本当に「日本は落ちぶれる」という予想を立てるようになってしまうらしいんです。

まあそこは日本のネトウヨも全く同じで、「韓国経済はもうダメなんでしょう?」なんていってくる人がすごく多いんだけれども。

山口　願望の入った発想は極めて危険な感じがしますね。

吉崎　来年、韓国はちょっと大変な年になりそうなんです。２０１５年は日韓基本条約50周年にあたるんです。両国の国交正常化のために結ばれたこの条約で、日本は韓国に無償で3億ドル、有償で2億ドルの経済協力金を支払い、韓国はこれによって対日請求権を放棄することに合意しました。

ところがいま韓国では、5億ドルでチャラにした対日請求権を蒸し返そうという動きが活発なんです。この条約をもう1回見直せという世論が巻き起こっている。

当時、日本の外貨準備高は18億ドル、韓国の国家予算が3・5億ドルですから、5億ドルはむちゃくちゃデカい金額なのですが、韓国は当初2ケタ億ドルの線を想定していたらしい。そんな経緯もあって「たった5億ドルで手を打った朴正熙はけしからん」という国民の声が巻き起こっていて、その対応に朴槿恵大統領は来年、頭を悩ますことになりそうなんです。

山崎　父親の仕事のツケを娘が払わなければならないわけか……。

吉崎　ちょうど50年の節目に大統領の座についてしまっている。考えてみれば可哀想な巡り合わせです。

山口　韓国経済の実情を見ると日本とは全く状況が違っていて、まず対外債務が5000億ドル以上あるんですね。それだけ対外債務を持っているということは、常に外資引き揚げのリスクを抱えてしまっているということです。

うまくいっているときはいいけれども、悪くなるとその弊害が一気に噴出します。おカネというのはジワジワ出ていくのではなくて、いっぺんにバンと出ていってしまうんですね。ギリシャのときもアルゼンチンのときも、資金が引き揚げられるときはみんな一斉に出ていったんです。だから意外と事前にはわかりにくいんですよね。

一方、韓国の外貨準備高はおよそ3000億ドル。それだけの金額で韓国ウォンを支え切れるほど金融市場は狭くはありません。そこは外貨準備高が多い日本や中国との大きな違いです。そもそも中国は通貨の自由化は全くしていませんが、韓国ウォンの場合は中途半端に自由化してしまっていますから、狙う気があったら狙える。そういう意味では、3000億ドルというのは「大丈夫です」と太鼓判を押せるような数字ではないということです。

日本と韓国とで締結していた限度額300億ドルの通貨スワップが2012年10月で終了しましたよね。いまは日本が韓国と結んでいるスワップは、チェンマイ・イニシアティブの100億ドルしかありません。だからひとたび事故が起きれば、どこかが救済に入らないと韓国ウォンはもちません。

韓国経済の危機が起きたら、きっと日本が救済を求められるのでしょうけど、日本もスワップを結んでいたときほど簡単には動けません。

吉崎　スワップというのは本当はただの見せ金なのに、おカネをあげるのだと勘違いして怒っている人がいて、「反日ばかり叫んでいる韓国におカネをあげるのはけしからん」とかとネット上で騒がれていました。だけど、「情けは人のためならず」。見せ金でもやっておけば効果はあるんです。それに韓国にもしものことがあると、回りまわって日本経済も困るでしょ。

アメリカの量的緩和縮小をきっかけに新興国の通貨が暴落しましたけど、インドのルピーはそれほど売られなかった。あれは安倍首相が2013年の暮れに日印スワップを増額していたことが、1つプラスに働いたからなんです。ヘッジファンドの連中に「インドのうしろには日本の外貨準備がついているのか」と思わせられたら、彼らもそんな簡単には仕掛けてこないんです。

だから、できれば日韓もスワップ協定を結んでおいたほうがいいんです。韓国経済がガタガタすればネトウヨの皆さんは喜ぶかもしれませんけれども、かたぎの一般人にとってはそんなにいいことはない。むしろ日本は韓国に対して2・5兆円ぐらい貿易黒字があるわけで、それが回収できなくなると厄介です。

サムスン、ヒュンダイと一蓮托生の韓国経済

山崎　外国に債権を持たれている場合は、おカネが出ていくときの足が速いですよね。日本の場合をサザエさん一家にたとえると、マスオさんがサザエさんからおカネを借りてカ

ツオ君、タラちゃんに払っているという状態だから、家族の仲は悪くなるかもしれないけれども、サザエさんが突然マスオさんに返済を迫ったり、もう貸してくれなくなるようなことは考えにくい。でも韓国の場合は、アナゴさんや伊佐坂先生から借りているようなもので、どちらかが「もう貸さない」といったら、もう一方の人も貸しているおカネの回収にやっきになる。ファイナンス的には脆弱ですよね。

吉崎　じゃあ、いまの韓国の経済状況はどうだろうかと見てみると、全輸出の50%が片手で足りる程度の企業によってなされている。これは一国の経済としてみれば極めて不安定な状態です。日本の場合はパナソニックとソニーがなくなっても、正直いって経済全体にそれほど深刻なダメージは与えません。でも、韓国の場合はサムスンとヒュンダイが逝《い》ってしまったら経済がぶっ飛んでしまうわけです。

この時代、企業経営なんていつなんどき、製品やサービスが陳腐化してしまうかわからないし、いつ賠償問題や特許侵害問題が降りかかってくるかわからない。グローバル企業は常にそういう問題にさらされています。いままでうまくいっていたものが、ある日突然ダメになる可能性がある。それだけに、韓国が潜在的に巨大なリスクを抱えているのは確かです。

山口　韓国の富裕層はそのリスクに気づいていて、もう行動を起こしているかもしれませんよ。
アジア通貨危機の前、１９９６年、97年ごろですが、私がつき合っていた韓国企業のお金持ち連中は、突如として韓国から預金を持ち出してきて、日本で預金し始めていたんですよ。日本の金利は当時も低かったですから、なぜそんな無駄なことをやっているのかなと思っていたら、彼らは韓国で超低金利のカネを借りておいて、それを日本に持ってきて預金しているわけです。

吉崎　金利差を抜いていたんだ。

山口　そう、抜いていた。それから、アジア通貨危機が起きたでしょう。そのとき「あっ、こいつらわかってやっていたんだな」と納得したんです。いままさに、あのときと同じことを彼らはやっていると思うんですよ。

山崎　当時は何か兆候があったのですかね。

山口　「単なる偶然だった」といわれればそれまでなんですけれども、僕にいわせると、あれはどうも偶然じゃない。自分の国の経済は自分たちが一番よくわかっているから、目《め》端《はし》の利く人間だったら、自分の資産だけはなんとか守ろうとしますよ。前回のウォン安期から約20年でしょう。だから２０１４、15年にもう1回来るのではないかと私は読んでいるんです。

日本のオーバースペックの製品は見直されるか

吉崎　なぜ日本製品が世界市場で韓国製品に負けているのかというと、「新興国市場にマッチしなかったからだ」と説明されていますよね。日本製品というのは無駄に高品質で、その分高価なのだと。

山口　オーバースペックだというわけですよね。

吉崎　3回転のジャンプで十分なのに、ついつい高い完成度を目指して3回転半に挑戦しているからメダルがとれないんだ、みたいなことがデジタル家電の世界であったわけです。でも、その話が当てはまっていたのは2010年ぐらいまでで、いまはまた状況が変わってきているんです。

いま、経済成長の中心は明らかに新興国から先進国に戻りつつあります。そこで、日本のオーバースペックぎみのやり方のほうが案外マッチするのかなと思うんですね。無理して韓国の真似をしないほうがいいのかな、と私は最近感じているんです。

山口　ウォールストリートの金持ちが1年間に10台、20台と大型テレビを買うかといったら、さすがにそんなに買わないですよね。そういう人たちをターゲットに想定して、オーバースペックな高品位テレビを作っても価格が高くなるから、うんと層の広い貧乏人のマーケットには浸透していかない。たくさんいる低所得者層は安価な韓国製品、中国製品を買ってしまうんですね。車もしかりですよね。日本の製品はおしなべてオーバースペックで値段が高い。

ただ、それは貧乏人のマーケット、いってみれば雑貨屋勝負で負けているだけであって、金持ちのマーケットで負けていない。金持ち相手の宝石屋勝負では日本は常に勝っているわけです。やっている種目が違うのに、「雑貨でも韓国に負けてはいけない」という議論になってくるのは間違いですよね。

韓国が主戦場にしている雑貨マーケットというのは、台湾に追われ中国に追われ、今度はインドが来て、下手したらアフリカ諸国も出てくるかもしれないところです。韓国メーカーの好調もそうそう長くは続かない。

ヒュンダイの自動車にしても、アメリカで売れてはいますけれども、じゃあメルセデスやレクサスと肩を並べるほどになるかといったら絶対にそうならない。あと30年経っても並ばないと思います。それはユーザー層で完全にすみ分けてしまっているからです。

これから成長の中心が先進国にもう1回戻ってくれば、低スペックの韓国製品を買う人たちは激減するかもしれませんね。

韓国がすり寄る中国の変調

山崎　自動車は日韓ですみ分けができそうな感じですけど、エレクトロニクスのほうは、日本は構造的にまずいんじゃないですかね。

韓国では、国内のマーケットの利益をサムスンとLGとで分け合うことができています。それに対して日本の場合、大手といっても、サムスンよりかなり規模の小さい家電メーカーがたくさんあって、まずは日本国内で競争しなければいけない。しかもバイヤーである家電量販店の力が強いから、買い叩かれて利益はない。つまり、日本のマーケットでかなりの体力を消耗させられているわけですね。スマートフォンの市場もまさにそう。そこに巨大なサムスンがGALAXYで勝負を仕掛けてきたわけですから、これは負けるべくして負けたともいえます。

もっとも、スマホ市場は変化のスピードが速いから、韓国の製品が強いのもほんの数年の話かもしれないですが、それでも日本メーカーは家電では勝ちにくい状況になっているといえるんじゃないですかね。

吉崎　電機メーカーにとって、日本市場が一番儲かりにくい市場になっているわけですものね。

山崎　自動車の場合には製造工程に職人的、アナログ的な「すり合わせ」的な要素がものすごくたくさん入っているので、スマホのようにスペックを決めて、デジタルの部品を組み合わせ、デザインがよければ「はい出来上がり」というわけにはいかない。だから自動車の場合は、家電とはちょっと状況が違うのかなと思います。

ただ、サムスンがいまのような利益を今後も出し続けられるのかということを考えると、スマートフォンという商品もある程度、特に高額な先進国向けでは飽和しつつあるから、これまでのような利益は出せないかもしれないですね。

吉崎　それを見越してか、韓国はアメリカから距離を置き、中国にすり寄り始めていますよね。こういう韓国の行動を最近の国際政治の専門家たちもよく議論の対象にしているのですが、そこでの一番説得力のある説明は、「もともと巨大な中華文明の隣にいた人たちなので、大きな国の興亡に対して非常に神経が細かいのだ」というものなんですね。

いま、彼らはアメリカがディクライン（衰退）し、逆に中国が上っていく過渡期であると思っている。だから「アメリカ売りの中国買いだ。アメリカにくっついている日本はバカじゃないのか」と考えているのだというわけです。

山崎　なるほど。「日本人っていうのは相場観が悪いね」って見られているわけですか。

吉崎　どうも彼らにはそう見えるようですね。

そうすると冒頭で触れた話に戻りますが、願望と未来予想がゴチャゴチャになって、日本が没落していくことを希望し、実際にそうなると思ってしまっているんです。だから「落ちぶれていく国」・日本に対して結構強気に出てくるし、「昔に結んだ条約ももういっぺん見直せ」といった、国際法の世界からいったらあり得ないようなことを平気でいい出してしまう。

早くその勘違いに気づいてほしいと思うんだけれど、そもそも韓国人って勘違いするような状況に置いてはいけない人たちなのだというのが最近の議論の流行《はや》りです。

山崎　韓国の人たちが期待を寄せている中国の成長率も下がっていて、場合によっては金融的にかなりの問題が起こる可能性がある。そうなったとき、新興国への悪影響は避けられません。韓国もあまり中国にすり寄りすぎると、中国経済変調の悪影響をモロに受けて、解消していない国際金融的な弱みが露呈して、ちょっと厳しい目に遭うかもしれないですよ。

あ、念のためいっておきますが、別に私は韓国が厳しい目に遭ってほしいといった願望を持っているわけではありませんので（苦笑）。私個人はアンチ・ナショナリストです。

中国がアメリカを抜くのは10年では無理

吉崎　リーマンショック以降、安全保障の専門家たちは、いずれ軍事面でも米中逆転があるという前提で予測を組み立てています。２０３０年ごろには米中のＧＤＰが逆転して、それに伴ってその先のどこかの時点で、軍事費も逆転するのではないかというわけですけれども、しかし経済の観点から冷静に分析すると、アメリカは14年、15年は３％成長ぐらいいくでしょう。そうすると名目でいくと、さらに１・５％ぐらい上乗せするから、なんだかんだで名目で４～５％伸びていくということは……。

山崎　中国が７％成長してもなかなか追いつけない。

山口　蓄積しているものがあまりにも違いすぎますからね。中国がアメリカを抜くのは１００年といったらいいすぎかもしれませんが、向こう10年で、というのは議論が単純すぎると思うんですね。

吉崎　７％成長じゃ米中逆転なんて無理ですよ。米中逆転の心配はいらないでしょう。

山口　中国はアメリカに追いつけない、韓国などの新興国もとてもとても、という状況で、じゃあどこが最終的に来るのかといったら「やっぱりアメリカでしょう」という話にならざるを得ないんですね。

先進国で人口が増えているのはアメリカだけだし、労働人口が増えるのもアメリカだし、若年層人口が増えるのもアメリカ。しかもあれだけの財力を持っていて、技術も持っていて、世界中の人が集まって、ノーベル賞の学者だって数多く出している。もうどこも追いつけないでしょう。

製造業は確かにみんな海外へ出てしまったかもしれないけれども、だからといって株式市場の時価総額が半分になってしまったのかといったら、そんなことは全然なくて、どんどんまだ増えているような状況です。

中国はこの2年で人口が減ってきます。特に労働人口減少は2015年から始まるといわれているくらいですから、いよいよ来年あたりから中国経済も下り坂に入り始める可能性が高い。

そういうコンテクストで見ると、韓国もいつまで中国とくっついているわけじゃないと思う。彼らは大国に挟まれることに慣れてしまっているので、「ヤバい」と思ったら、すぐ手のひらを返しますよ。

日本との関係も、いまは中国がすごく強く見えるので、「もういいや、日本なんて面倒くさい」という感じだと思いますけれども、時が来ればどうせまたもとの関係に戻ると思います。僕はあまりそんなに深刻には見ていないんです。

山崎 関係が冷え込んだままで、経済的に得することは日本の側にも韓国の側にもありませんしね。

世界の中で一番似ている国は日本と韓国？

山口 言葉の問題も大きいですよね。日本の芸能人で結構流暢《りゅうちょう》に韓国語をしゃべる人はいっぱいいいるし、韓国の芸能人も平気で日本語をしゃべるじゃないですか。それはすごく言葉が近いからなんです。

芸能人だけじゃなく、旅行者も頻繁に行き来していると、「なんだ、向こうの言葉って簡単じゃないか」という感覚になってきます。日本の韓流ファンのオバちゃんだって、半年ぐらい勉強すると、そこそこ会話ができるくらいになってしまうんですね。

そういう意味では、日本と韓国との関係はそう簡単に決定的な決裂状態にはならないと思いますね。いま日本では盛んに〝嫌韓〟〝呆韓〟なんていわれていますが、僕が見る限り、20代くらいの若者の間にそういう感覚は全くないです。我々50代くらいの世代のほうがそういう感覚を持っているのかもしれないけど、若者にそういうこだわりはないんです。

吉崎　お互い嫌かもしれないけれど、世界の中で一番似ている国は日本と韓国だよ、というのは、両方の国をよく知る人にはいわれますよね。

山口　日本にやってくる外国人旅行者数もトップは断トツで韓国ですからね。

２０１３年の数字でいえば、韓国はおよそ２４５万人、２位が台湾の２２１万人、３位は中国の１３１万人です。それからアメリカが79万人。こうやってみると、やはり韓国とは圧倒的に交流の幅が違う。

吉崎　訪問客が来る理由は3つあって、「ビジネス」「観光」、それから「親戚や友人を訪ねるため」なんです。日本人はあまり海外に親戚がいないのですが、韓国は日本に在日韓国人の人がいます。彼らを訪ねてくるという目的もあるんですね。韓国の来日者２４５万人のうちにはそれが相当入っているはずです。

オーストラリアとかニュージーランドなどで入国者数を調べると、旅行目的の3分の1くらいは「友人・親戚を訪ねる」です。これは移民によって作られた国だからなんですね。だから「日本は海外からの入国者数が少なすぎる」とよく指摘されるのですが、その原因の1つは、我々が海外に親戚が少ないことにあるわけです。

唯一の例外が沖縄からブラジルなどへ移民した人たち。彼らは何年かに1度、沖縄に戻ってくるんですね。ドッと帰国するから、そのとき那覇空港は大変なことになるそうです。

選挙に揺れる〝脆弱な〟新興5か国

山口　そろそろ話題を、激動のロシアに移しましょう。吉崎さんは最近、ロシアにご執心のようですが。

吉崎　急に動きが激しくなりましたからね。

まずウクライナの話から始めましょうか。経済の低迷から親露派と親欧米派の対立によって、ウクライナ情勢が緊迫してきていると日本に伝えられるようになったのは2013年暮れから14年の2月ごろにかけて。2月といったら、ちょうどソチ・オリンピックの開催時期です。ただソチとウクライナは目と鼻の先ですから、プーチンはオリンピックが終わるまでは、と我慢して静観していました。

ところがその間ウクライナでは、ロシア寄りのヤヌコビッチ大統領が事実上追放される事態になってしまった。きっとプーチンは「オリンピック期間中を狙った西側の策略に違いない、いまに見ていろ」と思ったはずです。

実はウクライナの野党を影から支援していた欧米諸国も、当初は事態がそこまで進展するとは思っていなかったんです。ところが、途中から雪崩《なだれ》現象が起きて、ヤヌコビッチ大統領に対する市民の反発が予想以上に大きくなってしまい、ついにはデモ隊が火炎瓶を投げ出したりするようになった。とうとう大統領は与党からも見放され、事実上追放されてしまったわけです。

山崎　それでヨーロッパ寄りの新政権ができたけど、プーチンが黙っているはずがなかった。

吉崎　そうですね。ウクライナのクリミア半島は黒海を挟んでロシアのすぐそばにあり、住民はロシア系が最も多い。そこでプーチンは彼らと連動し、住民を保護するという名目で軍隊を派遣。クリミアの自治共和国側はウクライナからの独立宣言を採択し、住民投票でロシアへの編入を決めてしまった。

山崎　ロシアの武力によるクリミア制圧は、当然西側諸国の反発を買いますよね。6月にソチで開催されることになっていたG8を、ロシア以外の7か国が欠席するという事態になりました。

吉崎　どうもウクライナなどの動きを見ていると、本当に2014年は新興国にとってヤバい年になるなと感じますね。

ウクライナは経済危機から国内の路線対立が激化したわけですが、他の新興国でもアメリカの金融緩和のペースダウンによって経済に変調をきたし出しているところに、14年は選挙が相次ぐんです。タイは総選挙で混乱し、一部地域で再投票が行われることになりましたが、そのほかにも南アフリカの総選挙、トルコの大統領選挙、インドの総選挙、インドネシアでは総選挙と大統領選挙、それからブラジルの大統領選挙があるんですね。

モルガン・スタンレーが、アメリカの量的緩和縮小で下落しやすい通貨を「フラジャイル・ファイブ」(〝脆弱な5通貨〟。ブラジルレアル、インドルピー、インドネシアルピア、トルコリラ、南アフリカランドの5通貨のこと)と名づけましたが、14年はそれらの国々すべてで選挙があるというとんでもない年。ちょっと心配ですね。

山口 この辺の国は、ちょっと前までものすごくイケイケだった国ですよね。

「付加価値」を理解できないロシア人

吉崎 モルガン・スタンレーの新興国向けファンドの担当者であるルチル・シャルマが『ブレイクアウト・ネーションズ』という本の中で指摘していますが、ブラジル、ロシア、インド、中国のいわゆるBRICsブームは完全に終わったと見ていいでしょう。

2010年はアメリカのQE2の影響で金融緩和マネーがバーッと世界中に溢れ出し、それで国際商品価格が上昇したり、為替戦争が勃発したりと、いろいろにぎやかな年になったのですが、そのおかげで新興国がイケイケになった。中でも中国とインドがともに10%成長した年なんですね。

ところが2012年くらいになると、中国はともかく、インドは3%ぐらいまで成長率が落ちてしまった。そういう急激なギアチェンジが起こっていて、BRICsブームがきっかり10年で終わったのだというのがシャルマ氏の主張です。つまり、03年から始まったBRICsブームは丸10年後の12年で終わったのだと。

山口 この10年間、BRICs4か国はすごい経済成長を遂げましたけど、さすがにもう息切れしてきたのか、ロシアやブラジルなんて成長率がむちゃくちゃ悪くなりましたからね。

吉崎 人口が1億人を超えている新興国で、成長率が2%とか3%というのはちょっとキツい。インフラがあまり発達していないので、成長率が5%はないとやっていけないと思う。

山口 ロシアはすごく不思議な国ですよ。僕はBRICsの中にロシアが入っていることにすごく違和感があるんです。だって「本当にロシアって後進国なのかよ」って思いません？　宇宙にロケットは飛ばしているし、世界最高の戦闘機を作り、強大な軍隊を持っている。科学技術の高さでいえば間違いなく先進国ですよ。下手すると日本より進んでいるかもしれない。

たとえばインドネシアとかマレーシア、ベトナムへ行ってビジネスの話をしていたら、「何じゃこれは!?」ということが日常茶飯に起きるわけですよね。「契約書なんて意味がある?」といいたくなるような、およそ先進国では起こり得ない事態に何度も直面するんですね。だけどロシアという国はそういう意味では完全に先進国なんです。契約の概念もあるし、代金はちゃんと払わなければいけないという概念もある。ロシアというのは発展途上国の概念には当てはまらない。

文化的な面を見ても、たとえば中国と比べてみて、現代中国にロシアと同じくらいの音楽家がいるかと考えるといませんよね。それがロシアにはショスタコーヴィチをはじめ何人もいるわけじゃないですか。そういうことを考えても、やはりロシアというのは先進国なのだなと思うんです。

そんなロシアが後進国扱いされてしまっているのは、ひたすら経済がまだ単純、シンプルでソフィスティケイトされていないのが原因です。

僕は１９８０年代からロシアでビジネスをやっていて気づいたんですが、彼らの何がダメかというと、「付加価値」という概念がなかなかわからないんです。何が付加価値かということがほとんど理解できないので、彼らは「希少価値」で勝負しようとするんですね。

彼らは「どうだ、これは珍しいだろう、だから高いんだ」というのはすごく得意なんです。だから原油でも、「ほら値上がりしてきた。いいぞいいぞ。でも俺たちは安売りはしないぞ」と考える（笑）。希少だから高く売れるというのはすごく彼らはわかるんだけれども、何か自分たちで手を加えて価値を高めて商売にするという概念がすんなり理解できないんですね。

山崎 あまり働かないということですか。

山口 う〜ん。というより、歴史的に付加価値をつけた経験がないんですね。ロシアというのは、ニコライ皇帝時代のロマノフ朝からロシア革命を経て、そのまま共産党政権になってしまったわけです。つまり、資本主義を経験しないまま社会主義になってしまった国です。それまでいたお抱えの靴職人でも服飾職人でも、この人たちは商売のために作っていたのではなくて、貴族のために作っていた人たちですよね。商品を売ることで代金をもらっていたわけではなく、貴族に何から何まで全部面倒を見てもらっていたので、自分たちのサービスを貨幣に交換するという経験が全くなかった。

その人たちがそのまま社会主義の世界に放り込まれたわけです。結局、社会主義ですから全員同じ給料。自分の労働によって何か付加価値をつけるということを先進国の中で唯一体験したことのない人たちになってしまった。だからおカネの稼ぎ方がいまだにわかっていないんですよ。そこにロシアの経済的なリスクが潜んでいると思うんです。いつまで経っても、山を掘って出てきたものを売るという単純な商売に終始していると、そのうち資源がなくなってきて、また貧乏になってしまう。そんなことになりかねない。なまじ先進国なだけに、そういうリスクというのはすごく高いなと思って見ているんですけれどもね。

「パクる」中国人と「パクらない」ロシア人

山崎　ロシアにとって原油、天然ガスが外貨獲得手段になるわけですが、アメリカでシェールガスが出て原油の需給が世界的に変わってくると、彼らが獲得できるおカネはものすごく制約されてしまいますよね。そうなったときに、ロシアに経済的に価値のある別のものが残っているかというと……。

山口　何もないんですね。

吉崎　2013年、赤の広場へ初めて行ったんですけれども、そこで面白かったのは、レーニン廟《びょう》とかネギ坊主のお寺ではなくて、反対側にあるショッピングモールなんです。ショッピングモールに入ってみたら、ロシアの製品が何もないんですよ。唯一の例外がソチ・オリンピックのショップで、それ以外は全部外国製品。最上階はサムスンとソニーです。

普通どんな国でもコーヒーショップぐらい自国で作るじゃないですか。それすらスタバとかイタリアのコーヒーショップなんですよ。「何なの、この人たちは⁉」って驚きましたね。

山口　中国人って、スタバやマクドナルドが流行ったら必ずパクりますよね。同じようなニセモノショップがぞろぞろ出てきて、本家から文句をいわれたりするわけですが、ロシア人って真似しないんですよ。パクッてカネを稼ごうというマインドにセットされないんです。カネを稼ぐというのが何なのかが本当にわかっていないの。

山崎　ビジネスマインドがないんだ。

山口　わかっていない。ロシア人がおカネを稼ごうとすると、極端な話、マフィア経済学に走ってしまうんですね。つまり「他人が持っているものを盗んでしまおう」という発想にすぐなっちゃうんです。

歴史的に超帝国主義というか、奪い合い、奪い合いでやってきたからなんでしょうね。だからいまだに殺し合いもあるし、いまの経済界のトップというのはだいたい国営企業を乗っ取った連中ばかりです。そう見てみると、先進国でありながら全く資本主義が成立していないという珍しい国なんですね。

吉崎　そういえば世界トップ5のウォッカメーカーの中にもロシア企業は1社も入っていないらしいですね。

山口　そうなんです、入っていないんです。

吉崎　日本酒だったら国内各地どこに行っても地元の地酒がありますし、ワインだって愛飲家の多い地域は地元の醸造所がだいたいあります。だけどロシア人が大好きなウォッカってそうじゃないんですよ、外国製なんです。舶来信仰が強いのかな。

山口　ロシア人にとって地元ってそもそもないですよ。

皇帝がいたロマノフ王朝の時代には、モスクワとサンクトペテルブルクはあったけど、たとえばシベリアのような場所には都市らしい都市はなかった。エスキモーみたいな人たちが住んでいるだけだから、そこには何もないんです。

そこにレーニンやスターリンが出てきて、各地に都市を無理やり作って人々を住まわせた。人々は別に住みたくて住んだんではなくて、ある種強制移住で住まわされたわけで、基本的にみんな地元がないんです。

北方領土問題の解決は簡単だ

吉崎　たぶん「フラジャイル・ファイブ」なんていう言葉を作ったモルガン・スタンレーの人も、実は一番心配しているのはロシアと中国の経済だと思うんですよ。ロシアと中国はどれだけ注意深く見ていても、何か事が起きたとき影響が大きすぎて、結局どうすることもできない。それでとりあえず心配できる程度のブラジルやトルコ、インドあたりを列挙してまとめたんじゃないかな。

山口　ロシアは我々から見たら本当に変な国なんですよ。日本も多いといわれるけれど、ロシアは世界を見渡しても断トツで自殺者数が多いんです。アルコールが原因だといわれているんですけれども、それにしても不思議です。

山崎　私は数年間毎晩酒を飲んでいるけれども、別に自殺したくなったことはないけど（笑）。

吉崎　2013年の3月、ロシアに1週間ほど滞在したんですが、「本当に寒いってこういうものなのか」と痛感するほど寒かった（笑）。「こういう極寒で育った人はやっぱり人生観は違うよな」としみじみ思ったんですが、そういう気候も自殺者が多いことに関係しているのかもしれませんね。
私なんかは成田に着いたときに桜が咲いていていたので、「こうでなければな」と（笑）。日本に住むありがたみを感じましたよ。

山口　まさにそれは人間の実感に基づいた感情。でもね、だからこそ北方領土の問題もあまり難しく考えることはないと思うんです。日露の共同管理にしちゃって、「北方領土には俺の土地がある」といっている日本人は択捉でも国後でも住めばいい。逆に択捉島などに住んでいるロシア人の中で、「自分は日本がいい」という人がいれば日本に来ればいい。国籍も与えてやる。そういうふうにやれば、あの国後、択捉に残るロシア人はゼロだと断言できますよ。

僕は草の根交流で、2年連続でロシア人のホームステイをだいぶアレンジしているんです。ちょうど毎年4月、5月のころで、まさに桜の時期です。彼らの滞在先で東京は最北端に近くて、ロシア人はみんな静岡とか和歌山、九州とか暖かいところへ行きたがる。もう思惑がミエミエなんです（笑）。

僕が親しくしていたのは2人とも学校の先生だったのですが、どちらも帰るときになって涙を流して「帰りたくない」といっていました。

あれを見たら、北方領土問題の解決は簡単だと心底思うんですよ。行き来を自由にして、日本に住みたいやつには日本の国籍もやる。その代わり北方領土に土地を持っていて、向こうに住みたい日本人がいれば住まわせる。そうやったらたぶん、あそこに残る人は全くいないのではないかと思うんです。

吉崎　ウクライナの件で初めて知ったんですけれども、クリミア半島ってフルシチョフが第一書記の時代にロシアからウクライナに返還したんですね。ウクライナに対する融和政策の一環なんですが、実は移管を決めたとき、フルシチョフは酔っぱらっていたという話があるらしい。思わず「そうか、では北方領土問題も諦めずにいっていたほうがいいのか」と。だから、ロシアがクリミア半島を再び編入しようとする裏には、「あのときはフルシチョフが酔っぱらって返してしまったんだから取り戻せ」という声があるんですって（笑）。

山口　さもありなんですね。

日本とロシアは文化的なバックグラウンドが似ている

山崎　ちょっと話を戻しますが、ロシアが付加価値をつけるのが得意でないということは、日本にとっては組みやすい国なんですかね。

山口　そう思います。付加価値をつけるのを得意とする日本人と、それが得意じゃないロシア人というのは結構組み合わせ的にいい。

僕はロシア人とずっと一緒に仕事をやっていますが、文化的なバックグラウンドもすごく似ているなと思うんです。

日本人でチャイコフスキーやトルストイ、ドストエフスキーを知らないという人はあまりいませんよね。ところが、ロシア人から見ると、「そんなのを知っているのは世界中で日本人だけだ」っていうんです。「アメリカ人も知りやすいし、フランス人だって知らないぞ。なんで日本はこんなにチャイコフスキーばかり演奏しているんだ」と、彼らから見ると日本はすごく不思議な国なんです。だって実際世界中で日本だけですよ、こんなにチャイコフスキーを演奏するのは。

吉崎　たぶん中国人は『アンナ・カレーニナ』とか知らないですね。

山口　全く知らないですよ。だから日本に来たロシア人がみんなびっくりするんです。「なんで日本人はこんなにロシアのことをよく知っているんだ」ってね。

逆にロシア人も、中学校で松尾芭蕉とか教わっているわけです。そうすると、お互いの文化的なバックグラウンドというのはすごく近くて、少なくとも中国人よりはよっぽどとっつきやすい。

中国人なんかだと、初対面のときに共通の価値観はほぼないので、唯一の共通する価値観であるおカネの話をするしかない。それに比べたら、ロシア人のほうがはるかに共通項がありますよ。クラシックの話をしてもいいし、バレエの話をしてもいい。文学の話をしてもいいし、とりあえずつき合いの導入部はいくらでもあるんです。そういう意味からすると、日本人とロシア人は仕事をするにはいい。

お互い得意、不得意がはっきりしていますしね。向こうは資源を持っていて、それを付加価値をつけないでそのまま売るしか能がない。こっちは資源を輸入してきて、そこに付加価値をつけるのは得意。両者が組めばいいのだろうと思うんですけれどもね。

山崎　その関係があまり進まないというのはやっぱり……。

山口　北方領土ですよね。二言めには皆「北方領土」というんです。僕が日本企業の方と話をしていても、皆二言めには「北方領土」といいますね。「あなたの会社は北方領土に関係ないでしょう」というんだけれども、必ず二言めには「北方領土」の言葉が出てくる。そこは1度忘れてやったらと思うんですけどね。

中小企業ですが大阪の石けんメーカーでAという会社があります。A社は早くからウラジオストクに出ていって工場を作って、結構成功しているんです。たかが石けんですが、その石けんに付加価値をつけて売るということがロシア人にはわからないんですね。A社は合弁でそれをロシア人に教えながら商売をしている。そういう組み方はアリだなと思うんですね。

山崎　どうも日本は、政治家もメディアも北方領土を片づけないと、ロシアとは前に進めないと考えて思考が止まってしまいますからね。

山口　それこそ尖閣問題を棚上げして中国との融和を図るのだったら、北方領土問題を棚上げしたほうが経済的効果は大きいと思いますね。

ウラジオストクと新潟をパイプラインでつなげ

吉崎　2013年、日露専門家会議という長い歴史を持つ2国間会議に参加したのですが、出席していた専門家で北方領土問題を楽観視している人は全くいませんでした。プーチンが思わせぶりなことをいっても、領土問題で大きな進展があるとは誰も思っていない。

ロシア側の領土に対する考え方も面白いですね。「我々は中国と違ってちゃんと領土問題の存在を認めている。日露の領土が未確定であることに、我々は何十年もあなた方にずっとつき合っている。立派だろう？　竹島とか尖閣で韓国や中国は頭ごなしにいっているだろう」と。まあそれは確かにそのとおりなんですが、ただし、その先が独特なんですね。

「我々は常に実効支配をしている側を重視する。竹島では韓国の側につく。尖閣では日本の側につく。だから、安倍首相が靖国参拝をしたあとに中国がやってきて、領土問題で提携しようといってきたのだが、中国にはお引き取りいただいたのだ。そういうことだから北方領土も我々のものだ。実効支配している側が偉いのだ」と。

非常に現実的な姿勢なんです。この態度は一朝一夕には変わらないでしょうから、山口さんのおっしゃるように、領土の問題はそれはそれとして、まずは経済面でやれることがあるといいと思うんですがね。

山崎　日本政府はクリミア問題でロシアへの経済制裁を決めましたが、民間ベースでの経済交流をどんどん進めるしかありませんね。

吉崎　現実的にはそうするしかないでしょうね。

山口　日本が食いついていくチャンスはあると思う。プーチン大統領が極東・東シベリアを開発するための国家プロジェクトをぶち上げましたが、僕が見る限り、これだけ極東が動き出したのは過去30年で初めてです。僕の先輩に聞いても、過去50年でも初めてだろうという。

ところがプーチンが3兆円をつぎ込み、担当者の尻を叩き続けているおかげで極東の開発が動き出したわけだけど、今後そこには海外の協力が欠かせません。ウラジオストクにしてもハバロフスクにしても日本が動くか中国が動くか、どっちかしかないんです。
じゃあ中国がかかわるのか？　ロシアは中国に対してはものすごい警戒感を持っているのでその可能性は低い。そうなると日本と組むしかない。彼らは完全にそういう方向にシフトしてきているので、僕は北方領土問題はとりあえず棚上げして、その代わり経済交流をやればいいと思うんです。
だって近いんですよ、ウラジオストクと新潟なんて、パイプラインで結んでしまったらあっという間ですよ。そうしたら、日本はアメリカからもロシアからも天然ガスを買えるようになる。

山崎　両方から買えると、価格交渉力を握れるようになりますね。

山口　そうですよ。だから、いつまでも「北方領土だ」というのは日本側もロシア側もやめて、まずは経済交流を10年ぐらいやれば、領土問題はいまとは全く違う位相の問題になっていくと思いますけれどもね。
だから日本の企業の方にも「ロシアとの共同事業をやりましょう」と呼びかけているんですけども、中国にはホイホイ出ていくくせに、ロシアとなるとみんな出ていかないんですよね。二言めには「北方領土」といって……。

吉崎　北方領土というのは、どちらかというとエクスキューズなのでしょうね。

山口　でしょうね。進出しないいいわけに使われてしまっているような気がします。だから、そうならないようにもう少し環境を整えていかないといけないですね。

アメリカのバブル崩壊を予言したインド中銀総裁

吉崎　そろそろ話題を変えて、次はインドの話をしましょうか。

インドの経済もこれから難しい時期に差し掛かってきます。当時ＦＲＢ議長だったバーナンキが量的緩和縮小を打ち出したときにルピーも売り込まれましたが、フラジャイル・ファイブの中では耐えていたほうでした。そこにはいろんなファクターがあるんですが、日印通貨スワップもその１つ。そして一番大きな要因とされているのがインドの中央銀行の総裁ラグラム・ラジャンの存在です。彼はまだ50歳そこそこの著名な経済学者なのですが、インド政府はシカゴ大学大学院の教授でＩＭＦチーフエコノミストも務めた彼を連れてきて、いきなり総裁に据えたわけですね。

そのラジャンには妙に信頼があるんですよね。フラジャイル・ファイブの通貨が軒並み売り込まれた際、各国中央銀行は利上げで対抗した。トルコは10％ぐらい利上げしてもなかなか市場がいうことを聞かない一方、インドは０・25％しか上げていないのに「ラジャンがやるのだったら」ということで、この利上げが結構効いているんですよね。そのあたりはマーケットのいい加減なところだなと思いますけど。

『フォールト・ラインズ』という彼の本に詳しく載っていますが、ラジャンという人は、アメリカの金融バブル崩壊を予言した人で、当時のFRB議長グリーンスパンの面前で、「金融規制を強化しなければならない」と指摘したことで一躍有名になった人なんですね。そのことでちょっと過大評価されすぎで、いってみれば虚名に近いところもあると思いますが、虚名は虚名でもちゃんとマーケットというのは通じるんですね。

山崎　でも一流の学者ではありますよね。日本人で代わり得る人がいるかというと、ちょっと思い浮かびませんよね。

そもそもインド人は数字に強いし、商売も昔から熱心だし、金融業には向いているのかもしれませんよね。実際、いま外資系の証券会社などに行くとインド人がいっぱいいますよね。

山口　インド人だらけといってもいい。

山崎　ひと昔前はインド人といえばＩＴの技術者ばかりで、外資系企業でオフィスにパソコンを入れるということになったら、でっかいディスプレイを持ってくるのがインド人というイメージでした。だけどいまでは、経営のトップ層にインド人がいる。

山口　2014年の2月にマイクロソフトの新しいCEOになったサトヤ・ナデラもインド人です。アメリカはインド人が多いんです。彼らは人材的には世界で一番活躍しているんじゃないかな。中国人も活躍しているけど、インド人もいい勝負をしてますよ。

親日的なインド人

吉崎　では、インドも中国みたいに経済発展していくのかといえば、私はたぶんそうはならないと思います。インドが栄えるのではなく、インド人が栄えるのだと思うんですね。最近はグローバル企業でもインド人経営者が増えてますけど、インドという国ではなくて、たぶんインド人の時代がくる。GDP（国内総生産）ではなくてGNI（国民総所得）でものすごい伸びを見せてくるんじゃないかと思うんです。

山口　確かに実体験からしても、アメリカやシンガポール、ロンドンにいるインド人とは取引がよくあるんですけれども、ムンバイにいるインド人と取引があるかというと、パタッとなくなっちゃいますね。

山崎　でも、インドって日本に対する感情は悪くないですよね。

山口　非常に親日的ですよね。ムンバイなんかは、地下鉄から橋から街じゅう日本のOD

Aで作っているんですよね。それで地下鉄の入り口に4地方語ぐらいで、「ここは日本のODAのおかげでできた地下鉄で」とかいろいろ書いてあるんです。「日本は地下鉄だけじゃなくて、高水準の科学技術と規律をインド人に教えてくれた国だ」なんて大きく書いてある。ムンバイではみんなそれを見ながら毎日通勤しているので、中国みたいに日本人に対して「あいつらなんだ」という感情は全然ない。非常に親日的です。

インドの独立記念日は8月15日で、その日は世界中のインド大使館で建国記念の祝典が開かれるそうなんですが、日本のインド大使館だけやっていないのです。なぜかというと、「8月15日は日本にとっては終戦記念日ですごく悲しい日。それなのに自分たちの建国記念パーティをやったら日本の人に悪いだろう」ということだからだそうです。それで駐日インド大使館だけは建国記念のパーティを4月にずらして開いているらしいです。この辺の気遣いはなかなかのものじゃないですか。

山崎　想像以上にいい連中じゃないですか。

山口　すごくいいんですよ（笑）。僕はそういうインド人の姿勢を商社にいたときによく聞いていた。実際に会ってみるとみんな親日的ですしね。その意味では組む相手としては悪くないなと思います。

ただ、インドという国がそのまま日本みたいに成長するかというと、そこまで話は甘くない。インドにはタタ財閥をはじめとして、ものすごくでかい企業がいっぱいあるわけです。世界でナンバーワンの鉄工所もいまはインド財閥の鉄工所ですから。海外に対してはものすごいパワーを持っているけれども、その財閥がインド国内の成長に寄与するかといったら、たぶんあの国はまだそういう状態にない。一言でいえば、国内がまだまだ混沌としているんですよね。宗教の問題もあるし、カーストの問題もまだ引きずっている。インドが1つの国としてまとまるには100年ぐらいかかるんじゃないかな。

容易でない製造業のインド進出

吉崎　インドのシン前首相ってターバンを巻いた、見た目はさえないおじさんですよね。でも、あの人は2人だけで話すと、すごくきれいな英語をしゃべるらしいんです。あの人はケンブリッジとオックスフォードで学んでいて、本当はキングズイングリッシュをしゃべれるんだけれども、メディアやほかのインド人がいるところでは、突然「アンダルコンストラクション」なんていうインド英語になるんだそうです。

というのも、きれいな英語で話すということ自体、インドではある種のタブーらしいんです。きれいな英語を使うと「あいつは仲間じゃない」と思われてしまう。あの国にはそういう世界がどうもあるらしくて、それはたぶんなかなか我々が入っていけないようなところだと思うんです。

山崎　親日的だけど、混沌とした情勢が続くということになると、日本企業がインドに進出するのも難しくなるんですかね？

吉崎　日本企業が海外に出ていくときの基本は製造業ですよね。製造業で中国や東南アジアにはわりとスッと入っていけるんだけれども、インドはなかなか難しいんですよね。

山口　成功といえるのはスズキぐらいでしょう。それだって1981年の進出以来、30年以上相当な苦労をしてきた。

吉崎　トヨタの人がいっていたんだけれども、海外の市場でトップに立つというのはなかなか辛いことなんだそうです。「進出先の政府が突然無理難題を吹っかけてきたとき、絶対に逃げられないのが1位の会社なんだ。スズキは海外で1位になる怖さというものをまだ知らない」ということらしい。上から目線の発言なんだけど、そういう意味でトヨタは立派だと思う。アメリカでもあんな嫌がらせを受けても、ちゃんと耐えていますからね。インドで1位になったスズキも、これから大変な立場になるんでしょうね。

山崎　1位の責任感みたいなものが出てくるわけですね。

山口　日本とインドを安全保障面から考えると、意外にも近い関係にあるそうですね。インドの元駐日大使がいっていましたが、日本の自衛隊が外国の軍隊と行き来する交流をどのぐらいやっているかを見ると、日米は当然多いのですが、それと同じくらい日本とインドはやっているんだそうです。シーレーン防衛の関係とかテロ対策で米軍の艦船に海上給油をやっていた関係で、日本とインドは目立たないところで実は交流が盛んなんだそうです。

吉崎　安全保障の専門家にいわせれば、「太平洋とインド洋は我々日本人から見れば別ものの ように見えるけれども、オーストラリア側から見ると完全につながっている1つの海なの。だから、これから海洋進出を狙う中国が第1列島線、第2列島線という防衛ラインを設定して出てくるときに、日本が組む相手として自然なのはオーストラリアでありインドなのだ」と。もちろんそれは日米同盟が前提の話ですが、これは専門家の間ではわりと自然な発想らしいのです。

インドネシア経済が崩れたらアジアの一大事

吉崎　それからインド以外の新興国でウォッチしておかなくてはならないのは、やはりインドネシアだと思います。「フラジャイル・ファイブの中でここがポシャったら困る」という国はインドネシアしかなくて、ほかの4か国はどうなっても、実は日本経済はほとんど無傷だと思います。

山口 日本企業がものすごくかかわっているインドネシアがやられると、まず商社はかなりひどい目に遭いますね。

山崎 駐在員もかなりいるはずです。

吉崎 たまに帰ってくる駐在員を捕まえては、現地の様子を聞くようにしているんですが、「為替がちょっと心配なんですよね」とかいいながら、「でも貯金しないから消費が強いんですよ、給料を全部使ってしまうのでマーケットはすごくいいです」と。

山口 人口も約2・5億人いますから、マーケット自体も大きいですよね。

山崎 吉崎さんが注意して見ているのは国際収支的にまずい点ですか。

吉崎 国際収支は2~3年前から経常収支が赤になっています。2013年の夏に初めて問題になったので、そのときに慌ててチェックしたら、「なんだ、これはもう1~2年前からおかしいじゃん」という話で。きっかけはテーパリングで通貨が売られたりしているわけなんですけれども、もともとあまりよくはなかった。つまり内需が強すぎて、輸入が増えるんですよね。そんなに貯金もしないで消費してしまうので。でも、いい国ですからね。あまり日本に対するわだかまりもないし、素直に尊敬してくれて。日本人から見て仕事がしやすい。

山口　仕事しやすいですよね。

吉崎　ただ、もうじき石油が枯れてしまうんです。マレーシアとかもそろそろ枯れてしまうらしい。だからアジアの石油というのは、ブルネイとかはまだまだあるでしょうけれども、残り少なくなってきていますね。

山崎　石油が枯渇したあとのインドネシアは、労働集約的に安い労賃で物を作っていく国になってしまうのですか。

吉崎　あそこは30ぐらいの財閥があって、そこがいろんなものを握っているわけなんですけれども、ちゃんと経営者が出る国なので、それはわりと安心していいのではないかと思います。98年に本当にひどかったのは、華僑を焼き討ちにしたりしたんで、金持ちが財産を持って海外に逃げてしまった。ああいうのをやってしまうと、本当にどうしようもないんですけれどもね。

山崎　華僑の支配というのは依然変わらず……。

吉崎　変わらないです。しょうがないんですけれどもね。

タイは国王の高齢化が問題

山崎　タイはどうなんですか。

吉崎　タイの問題は、指摘されることが少ないのですが、国王がご高齢だということですよね。入院したりしている。いままでだと、何か問題が起こっても「そうはいっても国王がいるから」ということで収束できていたんだけれども、もうお年だし、亡くなられたあとは国内が不安定化する可能性もなくはない。国王には息子と娘がいるのですが、息子はあまり有能ではないとの評判だし、娘は評判がいいんだけれども独身だし、どっちが跡を継いでも問題なんですよ。それがあるから、タクシンの問題がこれだけひどくなるんですよね。

山崎　政情が不安定化していますね。

吉崎　まあそれでも、よく流血の惨事とかいいながら、実際に行ってみたり、また向こうにいる人の話を聞くと、あまり心配していないんですよね。

山口　そうですね。

吉崎　あの辺は本当にあの国ならではですよね。

タイは東南アジアにおいて自動車産業の集積ができているんですよ。ほかにそんな国はないですから、あのポジションはいいと思いますね。自動車産業を育てるというのは大変ですから。裾野産業がひととおりできていますから。

２０１１年の洪水のときは日本企業もちょっと大変でしたが、それでタイを去るかというと、どこもそんなことはなかったですね。

三菱自動車の人がいっていましたけれども、あのときはオフィスも完全に水に浸かってしまい、パソコンなんかも全部いかれちゃったらしいんです。そこでどうやって善後策をとったかというと、どこでどんな部品が不足しているかなんていう情報を壁に貼った紙に書き出して、あとは電話とファクスでやりとりしたそうです。若い連中なんかは呆然としているんだけど、そのうちベテラン社員が元気を出してきて「昔はこうやっていたんだよな」なんていいながら頑張ったと。そうやって乗り切ったんだそうです。

インドネシアが崩れると、東南アジア全体が足をとられる

山口　僕はシンガポールにいたので、シンガポールの人とよく話をしていましたが、イン

ドネシアは近いのですごく不安視していましたね。インドネシアが崩れたときにシンガポールの受ける影響は甚大なので。インドネシアはいま政情があまり安定していないじゃないですか。もしインドネシアの政権がおかしくなってしまったら、シンガポールがモロに影響を受けるというので、まさにシンガポールの連中も「インドネシアが崩れたらイヤだな」という感じは持っていますね。崩れる予兆がないわけではないとみんないうんですけれども、そういう意味では、インドネシアはちょっと注意したほうがいいかなと。

インドネシアへは商社だけではなく銀行なんかも早くから出ていっています。みずほ銀行なんかは、オートバイを買うときのローンという、日本では絶対にやらないような商売を、地元のローン会社を束ねてやっています。大丈夫なのかと思うけれども、結構儲かるようなんです。ローン会社が購入者の給料を差し押さえることが許されているので、回収は堅いらしいんです。

吉崎　あまりいわれないですけれども、日本の銀行は東南アジアの通貨危機のときにわっと引いて、2008年以降にずいぶんまた戻りましたね。しかもヨーロッパの銀行がみんな引いているので、その後、結構日本の銀行が埋めていて、これはよかった。

山口　それは確かですよね。いま、わりと東南アジアで存在感があって、地銀などでもまた出始めました。シンガポールだ、やれバンコクだといって……。

吉崎　大連なんかにも北陸銀行が出ているんですよ。何を考えているのかなとも思いましたが、富山の製造業が出ていくので、そこにくっついて行っているみたいです。私の後輩が行っています（笑）。

山口　東南アジア全体をシンガポールから見ていても、重要なのは断トツでインドネシアです。インドネシアが崩れると、東南アジア全体が足をとられるでしょうね。シンガポールもインドネシアで繁栄しているようなところがあるから。

バックオフィス的な機能ならシンガポールで十分

吉崎　一時期、某商社が本社をシンガポールに移すというシミュレーションをやったという話を聞いたんですけれども、山崎さんがもといらしたところですよ。

山崎　ええ。

吉崎　だいたい、保守的な会社が一番大胆なことをやるんですよね。そういう可能性って今後あるんですか。

山口　僕はないと思いますけどね。本社を移すとしたらシンガポールなんだろうけれども、日本の商社が雇えるような人材がそういないですよ。シンガポール人は数が少ないし、基本的に中国人なので、商社マンみたいに地道な仕事を10年やれといわれても、みんなやらないです。人材を的確に供給するという点からすると諦めざるを得ない。

モルガン・スタンレーでさえ東京支店をシンガポールに持っていくというシミュレーションを何回もやっているんですよ。私がいるころもやっていました。彼らはバックオフィスの一部はすでに移したんです。バックオフィスを維持するための人はシンガポールでも採用できる。

ただ、いざ営業をやらせたり、実際トレーディングをしたり、そういう人材がシンガポールでは雇えないということがわかって、それでギブアップした。

山崎　持ち株会社だけ持っていくみたいなことをやればいいんですかね。

山口　そういう可能性はあるんじゃないですか。税金が安いでしょうからね。

吉崎　ゴールドマン・サックスの仕事をちょこっとやったことがあるんですが、そうしたらその講演料の確認の電話がシンガポールから来てびっくりしました。

山口　バックオフィス的な機能が向こうへ行っているんですね。

吉崎　普通に日本人の女性の声で「入金の確認です。銀行口座はこれでよろしいでしょうか」といわれたんですが、かかってきた国番号を見たら65だった。念のためにいっておきますが、天下のゴールドマンにしては少額でした。

山口　おカネの出入りと帳簿づけ、バックオフィスのこの機能は海外でローカル採用の日本人の女性を安く雇えるんですね。東京で雇ったら、庶務の女性で400万~500万円プラス厚生年金だなんだと高くつく。それがシンガポールだったら、高いといっても3分の1ぐらいで日本人の女性が雇えてしまうんですね。

吉崎　昔は上から目線で、「お前らどこまでやれるのかな」という感じでシンガポールを見ていましたが、いまでは1人当たりGDPでは抜かれちゃいました。

山口　ただ、あの国は一見、圧倒的に成長して、すごくうまく行っているように見えるんだけれども、彼らからしてみれば、周りにインドネシア、マレーシア、中国という強国がひしめいていて、気が気じゃないんです。常にものすごい危機感を感じているんですよ。

山崎　カネを持っていても安心できないという感じかな。

山口　「いつやつらが……」っていう感じですよね。

実際、シンガポールというのは苦難の歴史を持っていて、シンガポールが独立記念の式典をやっていた最中に、インドネシア軍とマレーシア軍がシンガポール沖で共同演習しちゃうとか、そういう危機が多々起きているわけですよ。しょっちゅうお互いにプレッシャーをかけ合っている。

しかも水の完全自給ができないので、マレーシアと協定を結んで輸入せざるを得ない。

マレーシアが水の供給を止めれば、シンガポールは水がなくなってしまうという状態なので、焦って下水から水道を作り出すシステムを日本から輸入したんです。その下水で作った水を「ニューウォーター」と称してスーパーなんかで売っている。
だから、よく日本人の旅行客なんかはミネラルウォーターだと思って買って飲んでいます。いや、十分飲めるものなんですけど、たぶんどういう水か知らずに飲んでいるんですね。

吉崎　普通に売られているんですね。

山口　そうなんです。
それからシンガポールは人口が少ない、土地も狭い、周りに大国がひしめいている、いつやられるかわからない。そういう危機感は日本人にはないですよね。
だって人口約５４０万人しかいないのに徴兵制があるんですよ。逆にいうと、若年の労働者はいないですね。

吉崎　千葉県が独立しているようなものですからね。

山口　そんなものでしょうね。すごくいい国だと思うし、見習うところはたくさんあるけれども、日本のような豊かな自然があるわけではないし、常にしびれながらやっているという感じですね。

外資よりシビアなシンガポール政府投資公社

吉崎　山口さん、以前、あそこの投資で仕事をされていたんですよね。

山口　ＧＩＣ（シンガポール政府投資公社）でしょう。

吉崎　ああいうところの人たちって、どういう気持ちで仕事をやっているのですか。

山口　基本的には役人ですよ。立場上は日本でいう役人なんですけれど、実に役人らしくないんです。

　彼らはシンガポールという国のことを本当によく考えている。自分たちが儲け損なったらシンガポールが倒れるという危機感を常に持っているのでね。日本の財務省の課長クラスで、「俺がしくじったら日本が倒れる」なんて思って仕事をしている人はいないでしょう。

山崎　まあいないでしょうね。

山口　その辺の危機感は違いますよね。それはＧＩＣの役人だけではなくて、ＴＥＭＡＳＥＫ（建設労働省）なんかでも同じです。そういうところの役人が、「とにかく俺たちが踏み外したらこの国には明日がない」という強烈な使命感を持って仕事をしている。

山崎　操縦桿を握ったパイロットのような状態ですね。

山口　ＧＩＣなんてシンガポールの政府のおカネを運用していますから、それは真剣味が違います。役人なんだけれども、２年ぐらいリターンが悪いとがんがんクビになったり、降格されたりするし、どんどん若い人材も出てくる。そういうところでは日本の役所とは全く対極の空気です。日本で一般にいわれるより厳しいかもしれませんよ。

山崎　日本が国家ファンドを真似しようなんていったって……。

山口　到底無理。日本はＧＰＩＦ（年金積立金管理運用独立行政法人）みたいな組織を作ってしまい、運用を１回もやったことがない大学の先生などが集まって、こうするべきだとやるじゃないですか。そんなことをやっていたら勝てっこない。だまされまくって終わりますよね。

山崎　10兆円単位でカモがぽんと出てくるような感じですよね。

山口　本当にそのとおりですよ。ＧＩＣの連中なんか見ていたら本当に運用のプロです。それこそ前歴はモルガン・スタンレーとかゴールドマンで実際にトレーディングをやっていたような連中を連れてきているわけですから。収入はもちろん下がるんですけれども、本人たちもＧＩＣで運用の担当というのにプライドを持ってやっている。そこが日本のＧＰＩＦなんかとは根本的に違うところですね。

日本の財務省がそれと同じことをできるかといったら、できないでしょう。中途採用でモルガン・スタンレーのトップだったやつを連れてきますか。しないと思いますよ。

山崎　しないですね。

山口　そこは国の作り方からして全然違うという感じがしますね。

第5章

マネー編

自宅を持ってる人はインフレヘッジの必要なし

接待して翌日注文をもらう金融業界の営業

吉崎　金融業界でファンドマネジャーなんかをしている人って、おいしいお店を知っている人が多いですよね。どうしてあんなに美食家が多いのですかね。

山崎　ほかの業界と比べたことがないけど、そうですか？

吉崎　そう思いますよ。どちらかといえば商社の人間もぜいたくをしているほうだと思うんですけれども、金融の人って独特ですよね。

山口　いくらおカネを儲けても、それをいつ失うかわからない。だからじゃないですか（笑）。「あるときに使ってしまおう」という気持ちは、たぶんどの業界の人たちより強烈に持っていると思いますよ。

吉崎　ワインに詳しい人も多いですよね。

山口　確かにトレーダーとかファンドマネジャー、インベストメントバンカーなんかでワイン好きの人間は多いですね。

吉崎　そうでしょう。

山口　それには理由があります。海外で仕事をするときは特にそうなんですが、どのワインを選ぶかで、相手に対するリスペクト度を測られてしまうんです。下手なワインを選ぶと、「この野郎、この程度のワインを選びやがって」なんて怒らせちゃうことが実際にあるので、やっぱり勉強しておかなければいけないんですね。そういう要因もあると思います。

山崎　金融は接待が多いですからね。私もかつて証券会社にいたときには、接待して翌日注文をもらうのがいかに手っとり早い営業なのかがわかりました。

山口　僕らみたいにトレーディング側にいた人間は、電話での会話は全部録音されてしまっているし、基本的にパソコンから流れる情報も全部記録されているんです。でも、他社の仲間うちで「本当はどうなんだよ」と話す機会は絶対に必要なんです。「ゴールドマン・モルガン会議」みたいなものがね。でも、それは電話じゃ絶対にできない。

だから、必ず会社の外で会って、はたから見られてもただワインを飲んでいるように装う必要もある（笑）。

吉崎　おっと、美食の話がいきなり金融ビジネスの深淵に展開していきましたね（笑）。

山口　そこでこそこそと、「お前さ、実際はどっちなんだよ」みたいな話のインサイダー的な情報をやりとりしているわけです。あまりにも情報管理が厳しいので、そういうところでやるぐらいしかないんですね。

金融市場では、やろうと思えば談合は難しくない

吉崎　そういうやりとりもあるんですね。2012年にLIBOR（ロンドン銀行間取引金利）の不正操作事件がありましたけど、あれもそういう関係があってこそ成り立つ事件ですよね、LIBORを不正に操作して利益を得るというのは。

山口　LIBORというのは、複数の銀行が提示してきたインターバンクレートの平均値なんですけれども、異常な値を排除するために、たとえば6行がメンバーになっている場合には、一番高い値と一番低い値を切り捨てて、真ん中の4行が提示したレートのアベレージを採用することになっているんです。ところが、こうした仕組みがとられているにもかかわらず、参加者全員で談合してしまえば、LIBORも操作できてしまうということがあの事件で明らかにされました。

実は金融市場では、関係者がやろうと思えばあらゆるものが談合できちゃうんです。たとえば「俺、この商品でちょっとロングにしてつかまっちゃっているんだ。頼むから今日だけ高目に出してよ」と同業者にお願いするとする。みんながそれで高めの値段で買いを入れてくれると、本当はその日ロスが出ているはずなんだけれども、談合で高められるか

らロスにならないわけです。それが相場の世界の実態です。

株だって東証で値がついているからまともだろうと思ったら大間違いです。東証が引ける最後の時間帯に、「あいつが困っているらしい、A社の株をロングにしてしたのが外れなくて困っているそうだ」ということになったら、最後に同業者の仲間がみんなで買いを入れてやればいい。そうすると買い気配で終わるでしょう。つまり終値が出ないわけです。終値が出ない場合、その日の収支を計算しようとするなら、その日についていた価格のアベレージをもとに評価するしかない。最後が買い気配だとアベレージから2割増しで評価することになるので、損を抱えていたトレーダーも損を表面化させないですむ。

じゃあそれで協力してやった他のトレーダーたちが損害を被《こうむ》るかというと、そうじゃない。買い気配というのはその日で終わりです。比例配分で何%かは損を被らないといけないけども、それでも仲間うち10人で比例配分をとったら1人頭の額はたいしたことない。翌日の寄りで投げればいいだけです。そうやって仲間うちで大きな損が出ないように株価の操作をしちゃうんです。

結構危ない話をしましたが、素人がホイホイ入ってきたら大やけどをしかねない世界なんですよ。

プロの投資家への憧れは厳禁

山崎　まあ一般の投資家にとっては、そういう操作がプラスに働いたりマイナスに働いたりしながら、価格が平均化していればいいわけだから、その世界に直接入り込まなければいいだけなんです。長い期間保有している分には、操作されて一時的に値上がりしたり値下がりしたりしても影響がないんですから。

だから素人は、必要以上に「玄人はすごいことをやっている、だから玄人の情報を得ると儲かるようになるのではないか」とか、「彼らは中枢にいるから儲けることができるんだ」といった憧れとか嫉妬を持たないほうがいいですね。そういう気持ちを持っていると、「プロの情報を流してあげましょう」とか「アドバイスしてあげます」という怪しげな商売にひっかかってしまう。

「しょせんプロの世界はプロ同士が勝ち負けしているゲームで、自分の損得には関係ない。彼らの中の誰かが一時的にうまいことをやっているからといって、自分が損をしているわけではないんだ」という感覚をまず持たないとダメですよ。

株式投資やＦＸをやっている人たちはよく「カネをたくさん持っているやつが勝つに決

まっているんだ」というんだけれども、それが本当なら巨額の資金を動かしている人だけがどんどん儲けを膨らませていくはずだけど、実際にはそうなっていない。おカネが大きくなればなったなりに運用の難しさが出てくるからです。

だから、一般の投資家は余計なところでうらやましがらないほうがいいし、自分の投資を成功させるためにはプロを過大評価しないことがまずは大事ですね。

吉崎　競馬場では一時期見かけなくなったコーチ屋が復活しているそうですけど、コーチ屋にひっかかる客の心理もまさに一緒ですよね。「プロにはすごい情報の世界がある」と勘違いをしているからだまされてしまう。でも、競馬の世界には明らかにそんなものはない。1000円分の馬券を買う人と10万円分買う人とでは、情報量はちょっと違うかもしれないけれども、勝ちそうな馬を当てるという勝負の本質はそんなに変わらないんです。

山口　カジノなんかに行ってみても、ミニマムベット25ドルのテーブルでする賭け方と、ミニマムベット1000ドルのテーブルでのそれとは全く違いますよね。デカいロットで勝負している人たちのやり方を真似すれば25ドルのテーブルでも勝てるかといったら、そんなことはないわけで。

モルガンとかゴールドマンクラスになると2000億ドル、3000億ドル持って張ってきます。そのやり方というのは、大量の資金でできるだけマーケットを支配して、10%

から20％程度の利ザヤが抜ける段階で一気に手を引くというもの。とても個人に真似できっこありません。

個人投資家は、まずは自分がどういうプレーヤーなのかをよく認識することが大事です。競馬も一緒ですよね（笑）。

吉崎　まあ個人投資家の心理も理解できないわけじゃないですけど。なにせ自戒を込めていいますが、競馬場に行くと「今日は何を目指してきたのか」というのを見失ってしまうことがあるんですよ（苦笑）。メインレースでひと勝負かけるためにやってきているはずなのに、９レースか10レースぐらいで頭がカッカきちゃって、肝心の11レースで頭が混乱したまま、わけのわからない馬券の買い方をしてしまって悔いを残す……。ギャンブラーとして未熟ですね。

山崎　２０００億ドル、３０００億ドルという資金量は大きいといえば大きいんですが、その時々の株価決定に一時多岐な影響力を持たせるくらいのインパクトしかありません。長期的な水準に対してまで影響力を持てないわけですから、ある意味では「２０００億ドルや３０００億ドルを動かしているやつがいるけど、たかだかその程度の金額。自分の投資にはあまり関係がない」というくらいの認識が適当です。

長期金利が2%を超えてきたら資産運用を見直す

吉崎　それじゃあ、我々個人はプロの世界に惑わされずに自分の投資を貫くとして、これからデフレからインフレに世の中が変わったとき、個人投資家はどこに気をつければいいのですか。

山崎　まず注視しなければならないのは実質金利です。運用は、手元にあるおカネの価値を将来につなげていくことが大事です。デフレだったいままでは、現金で持っているだけで実質的に金利がついている状態でしたが、インフレになったときには現金のままではその価値が目減りしてしまう。そこで運用に回すわけですが、運用の利回りがインフレ率に追いつかないような状態になった場合、どうするかを考えていかないといけない。

いまは金利が長短ともゼロに張りついていますが、インフレになってまともな金利がつくようになって債券が債券らしくなってきたとき、個人投資家のアセットアロケーションも変えていかないといけないでしょう。目安としては長期金利が2%を超えてきた段階で、「少し世界が変わってきた」と考えればいいんじゃないでしょうかね。

本来、株と債券は、不景気になっても債券は堅調で株の落ち込みをカバーしてくれる関係にあるのですが、ゼロ金利政策の下でそういう関係が働かない状態がずっと続いてきました。だけど長期金利が２％を超えるようになると、本来の関係性が戻ってきます。そのときが、資産運用の組み合わせを考え直すべきタイミングになるんでしょうね。

それからゼロ金利が続いている期間は、アメリカの動向にも注意しておかなければなりません。たとえば、アメリカは雇用統計が悪いといった景気にネガティブなデータが出ると、長期金利が下がりやすい。一方、日本の長期金利はかなりゼロに近づいていて大きく下げる余地がありませんから、日米の長期金利の差はアメリカの下げ幅だけ縮まってしまう。すると当然円高になり、「１％の円高で株価が２％下がる」というような事態が起こってしまうわけです。つまりいまの日本の市場は、ゼロ金利のおかげでバッファーを失ったちょっと特殊な状態なのだということを認識しておいたほうがいいと思います。

住宅購入は超長期の信用取引だ

吉崎　私、柏市に住んでいるのですが、ちょっと郊外のほうに足を延ばしてみると、新興住宅街にバンバン住宅が建っているんですね。その様子を見ていたら、ああ、超低金利が長期化したことによって安い金利でローンを組める人が増えたんだな、住宅産業にとってはずいぶんいい時代が続いたんだな、としみじみ思いました。

まあ住宅を買って損している人もいっぱいいるはずですけどね。

山口　日本人の資産運用ってすごく特殊なんですよね。およそ8割ぐらいの人が巨額な住宅ローンを抱えて住宅を買っている。住宅という資産と、それに見合う負債を抱え込んでしまっている。捉えようによっては、借金をして住宅という名の巨額のポジションをとっちゃっているのと同じわけですよね。

山崎　しかも最長35年の信用取引ですよね。

山口　そうそう、超長期の信用取引ですよ。それだけ巨額なポジションをロングしているという状態の人が大多数なのに、そこからさらにリスクをとって、ほかのアセットクラスを買いに行くことに本当に意味があるんでしょうかね。

これからインフレになれば、住宅の価値も上がる可能性があるから、大多数の方はそれだけですでにインフレヘッジができているわけですよね。ということは、「インフレになったらどうしよう」なんて考える必要のある人というのは、実はすごく限られているんじゃないですか。借家住まいで、資産はすべて現金で持っているという人ならば、「それはヤバい、インフレになったときの備えで株を持っていたほうがいい」というまともな投資論理が適用できるわけですが、アメリカで語られているような投資論理が当てはまる人が日本にはほとんどいないんです。巨額な住宅ローンを30年も35年も抱えていて、途中で失業したときのリスクというのはどうやって負うつもりなんでしょうかね。アメリカみたいに家を明け渡してしまえばオッケーというノンリコースローンならいいですけど、日本は違いますから。

山崎　日本では住宅を売り払って清算しても、不足分があればまだ追いかけてきますからね。

山口　だから、この超長期の住宅というアセットアロケーションを抱えている人たちの運用というのは、僕は議論する意味がないと思う。

山崎　そもそも、おカネを借りている状態のまま運用するというのは非合理的ですよね。たとえば住宅ローンの金利が2％で非常に低い水準だとはいっても、その住宅ローンを返すということは、リスクゼロで2％で運用できることと一緒です。それは金融論的にいうと、リスクとリターンの市場での均衡を示す証券市場線の上に出ている運用なんです。だから、ローン残高がゼロになるまで返済することが最優先で、それまでの間に別途リスク資産を買うようなことは、理論的には全然視野に入ってこない選択です。

〝貯蓄から投資へ〟を真に受けると幸せにならない

吉崎　それでも、住宅も買いながら資産運用にも気を配るのがちゃんとした大人である、というイメージが世間に浸透してしまっているのは、ひとえに金融業界の宣伝戦略のたまものですかね。

山崎　金融業界の側からすると、リスクをとるような商品でないと、手数料を高くとれません。だけど、お客もなかなか簡単にはリスクをとってくれない。そこでなんとか顧客を振り向かせるために使う脅しの定番が、「いざインフレになったときについていけないですよ」という話。そうやって〝貯蓄から投資へ〟と顧客をあおって、株や投資信託へ投資させては、株価下落で損をさせてきたというのがこの十数年間、証券業界でよく目にした出来事です。

アベノミクスで少し息を吹き返した人もいるかもしれませんが、たいがいの場合、〝貯蓄から投資へ〟という話を真に受けた人はあまり幸せにならなかったと思いますね。

吉崎　じゃあやっぱり個人は株式投資などしないほうがいいのかな。

山崎　結論的には、自分の資産の実質的な価値を将来に引きついでいくにはどうすればいいのかだけを考えればいいんです。

そのときに心配しなくてはならないのは、実質金利がマイナスになったときのことです。日本の財政を無事に立て直すためには、「金融抑圧」といって、実質金利がマイナスになっている状態を作り出すことで、政府の実質的な債務を軽くするという政策をある程度の期間続ける可能性がある。そうなったときに、個人の資産価値はどうなのだろうかという問題が出てくるんです。

吉崎　経済ジャーナリスト・荻原博子さんは、「借金減らして現金増やせ」のモットーから〝キャッシー荻原〟のニックネームで呼ばれているんですが、その彼女が最近結構悩んでいるようなんです。「キャッシュにしておきなさい。ケチケチでいいから、なるべく現金を残したほうがいいわよ」という彼女のご神託は、まさしくデフレ時代においては大正解だったわけですが、これから先、インフレになるときに自分はどうすればいいのか、このまま〝キャッシー〟のままでいいのかと頭を悩ましているそうです。

おそらく、彼女のファンというのは、途中でスタンスを変えられると、それだけで困っちゃうような人たちだという事情もあるようなんですが……。

山崎　そのポジションをずっと守り続けなければダメだとファンが思っているわけですか。でも藤巻健史さんなんかが一貫して円安と不動産投資とを主張し続けていたのと一緒で、

「あなたはポジションにおけるランドマークなのだから、ずっとそっち側にいればいい。一時的には主張が現実にそぐわないときもあるけど、しばらくするとまたそっち側に時代が来るときもありますよ」とアドバイスしてあげてはいかがですか（笑）。藤巻さんはそのスタイルで近時は大成功されているわけですから。

山口　確かに何年かに1回、必ず藤巻ブームは来ますものね。

吉崎　世の中的には、そういう立ち位置も必要かもしれませんものね。

ただ、インフレになるとするならば、現金で持っているよりも株や不動産に投資しようというのが自然な発想ですよね。さっきのお話に反論するようですが、どうせ住まいが必要なのだからと家を買っちゃうというのは、インフレ時代の賢い選択にならないんですか。

家を買う場合、投資として買うに値するのか冷静に考えよう

山崎　家賃を支払い続けるというのは、毎月それだけのフローが出ていくということで、家を買うというのは、いってみれば毎月支払うべき家賃をまとめてストックにしてしまうということです。そしてストックにしたときには、ほとんどの場合、個人のバランスシー

トの反対側に多額のローンというリスクを抱えてしまうわけですから、購入した住宅がそのリスクに見合うだけの価値を生むのかどうかで、「買う・買わない」を判断しないといけない。

ところが持ち家派の中には、「自分が住む家なんだから、利回りだとかリターンという概念とは無関係だろう」という人が結構います。でもそこで、「自分が店子である不動産に対して投資をしているんだ」と発想を切り替えたほうがいい。そう考えると、さまざまなリスクが見えてきます。たとえば空室リスク。「自分が店子なんだから空室リスクはない」といい切れるのは、田舎の市役所にでも勤めていて絶対に転勤がないような人だけ。いや、地方公務員だって家族構成が変われば、住んでいる住宅が生活にマッチしなくなることだってある。そうなったとき、持ち家だとなかなか対応が難しい。売却するにしても地価変動リスクもあるし、仲介業者への手数料もかかる。場合によっては買い手がつかないことだってあります。

つまり、自分の資産を不動産という形で固定してしまうというのは、損得の問題もありますけど、資産の流動性を相当失うわけです。そこは忘れてはなりません。

山口　いや、全くそのとおり。

山崎　まあ一般的に奥さんの立場からしてみれば、住宅ローンには団体信用生命保険、通称「団信」という生命保険がくっついていますので、「返済途中でもダンナが死亡すればこの資産は私のものになる」という、すごくわかりやすいメリットになっています。

そう露骨に思ってはいなくても、なんとなくそのメリットを感じているのが女という生き物だし、「その期待に応えたい、買ったらカミさんも喜ぶんじゃないか」なんて思いがちなのが男です。購買心理としては、「ダンナの気持ちが冷めないうちになんとか買わせよう」という奥さんと、「買ったほうがいいのかな、それとも賃貸のほうがいいのかな」と揺れ動くダンナとのせめぎ合いみたいなものがきっとあるんでしょう。

ただそこは、あくまでも投資として買うに値するのだろうか、利回りはどうなのかということを冷静に考えて買うべきなんです。

合理的に説明できない住宅価格

吉崎　その場合の利回りってどう考えればいいんですか？

山崎　ついつい「ローンの金利よりも家賃利回りのほうが高い、だからこの家は経済価値を生む資産だ」と考えがちなんですが、家には地価変動リスクや災害のリスク、また先ほどの〝空室リスク〟などがあり、株式投資と同じ程度のリスクがあります。そのリスクとローン金利に見合うリターンがあるのかを見極めないといけないですね。

ただ、「住宅は買うのがいいのか、それとも賃貸がいいのか」という延々と繰り返されてきたこの神学論争の結論は「それは値段によります」ということになります。

山口　あっ、やっぱりそこが結論ですか（笑）。

吉崎　私はローンを背負って住宅を購入した人間ですが、家を買ってよかったなと思ったのは、さっきの団信のことを知ったとき。説明を聞いて、「世の中にこんなにいい保険があったのか。これがあるんだったら、いま加入している生命保険はいらないな」って思ったんですよ。住宅ローンについてくるこの保険って、コストとベネフィットが極めてクリアじゃないですか。「あっ、これはいい制度だな」と。まあ、自分が死ぬときの話なんですけどね。

もう1つ、家を買ってよかったなと思ったのは、いまの家に住んでもう20年ぐらいになるんですけど、それだけ住んでいると、もう町内会の活動なんかにも深く入り込んでしまっていて、良くも悪くも人間関係ができたということですね。近所に親しい人がたくさんできるという点は生活の安全保障的メリットもあるし、自分にとっての1つの投資にもなっているかなと感じますね。

山崎　親しいご近所さんが何人かいると、リタイアしたあとも何かとよさそうですものね。

吉崎　そうなんです。それは家を買うことで得られたプラスの部分だと思うんです。ただね、ローンを返済しているときにヒヤッとする瞬間もあったんですね。たまたまなんですけど、１９９７年の金融不安のときに「まずい！」と思って、ありとあらゆるところからおカネをかき集めて、残っているローンを一括で返済してしまったんです。そうしたら翌年、日商岩井が経営危機に陥った。そのときはつくづく「本当に俺は正しい選択をしたな」と思いましたね。ローンを抱えていて職を失う恐怖と向かい合っていたら、本当にまいっちゃったと思うんです。

山崎　精神的に厳しかったんですね。

吉崎　あれは心を病みますよ。疲弊しちゃった人間もいましたからね。

山口　吉崎さんぐらいの大企業に勤めている人は世の中にひと握りしかいないのに、そのひと握りのエリートをこれだけヒヤヒヤさせるのが住宅という買い物なんですよね。これから家を買おうとする人は、そこをよく認識して買うべきですよ。

　いったん買ってしまった家は、事情が変わって売却しなければいけなくなったとき、いくらで売却できるか予想できません。マーケットには必ず上がり下がりがあるので、売らなければいけないときが運悪くボトムだったということがあるわけですよ。そのリスクを何十年も抱えるというのは、投資の鉄則上は絶対にやってはいけないことなんです。

それから、マーケットというのは株式市場にしても債券市場にしても、必ず非効率性があるわけです。非効率性というのはつまりインサイダー情報ですね。とにかくインサイダー情報を持っているやつが絶対的に有利なんですが、株式市場なんていうのはまだ価格がオープンだからマシなほうなんだけど、不動産市場は……。

吉崎 プライスがない。不動産会社の人間がいってましたけど、マンションが「即日完売」になったら、普通は喜ぶだろうと思うんですけど、「しまった！ もっと高く売れたかもしれない」といって悔しがるんだそうです。どういう根拠で値段をつけているのか。いい加減なやつらですよね。

山崎 そうなんですよね。5000万円のマンションが本当に5000万円の価値があるのか検証しようとしたとき、不動産屋さんは「近辺のマンションの価格がこれくらいなので」という説明はするでしょうが、「金利がいくらで、ここの地価がこれだけで、建物の建設コストはこれこれで」という合理的な説明はできません。

山口 「コンクリートを壊してでも、中に鉄筋が何本入っているのか見せろ」といっても見せてもらえるわけがない。結局、買い手は正確な情報を持たないまま、業者の説明を信用して買うしかないんです。

不動産屋というのは自分たちが欲しくないものしか売らない

吉崎　私が購入したのは新古品の建売一戸建てだったのですが、それを選んだのは正しかったと自分では思っているんです。新築を買うほど恐ろしいことはないと思うので……。

山崎　新築マンションだと、おそらく売り出し価格の３割ぐらいは不動産会社の利潤ですからね。

山口　不動産屋というのは自分たちが欲しくないものしか売りません。賃貸に回して十分儲かるような物件だったら絶対に手放しませんから。「この物件は長く持っているよりも、さっさと売ってしまったほうがいい」と判断しているから売るんです。

もしも丸ビルに住居フロアが設けられて売りに出されるというなら、僕も買いたいですよ。でも三菱地所は絶対に売りません。とかく不動産屋は自分たちがいらないものは売るけれど、欲しいものは絶対に手放しません。それが経済原則です。だから不動産市場に出ているマンションは、業者がいらないと思っているものだけです。

吉崎　確かに、電話で営業してくるような物件はあまりよくないですよね。

山崎　そこの原理は個人向けの社債と一緒ですよね。社債も人気のあるものは瞬間蒸発するけれども、個人にシコシコ売らなければいけないような商品は人気のないものが大半です。

山口　それが市場原理ですよ。

山崎　若いサラリーマンはわりと堅実に貯金して賃貸住まいの人が多いのですが、そのくせ住居用ではなく、投資用にワンルームマンションなんかを買う人もいるそうですね。

吉崎　誰かが住んでくれると思っているんですかね。

　これだけ住宅ローンの金利が下がって、買ってしまうほうが得みたいな状況があり、しかも若い人口はこれから減るというのに、いったい、マンション投資って何を考えているのだろうと正直思うんですね。電話がかかってくるたびにアホかと思うんですけれどもね。

山崎　売り手側は自分たちで持ちたくないからセールスをしているわけだから。

山口　本当に店子を探すのに困らないようなマンションだったら、誰も売らないからね。いま、ワンルームなんてみんな人が入らなくてヒーヒーいっていますよ。大学生だって減ってしまっているのだし。

吉崎　いま、年間105万人ぐらい生まれて120万人ぐらい死ぬ勘定でしょう。これから先、そんなにワンルームマンションに入ってくれる人はいないですよ。

山口　そう。いないんですよ、マーケット的に。

僕は岩手に住むようになるときに、周囲からいわれたんです。「岩手なんかへ行ってどんな仕事をするんだ。月給15万円がいいとこだろう」と。でも岩手だと、月15万円あれば食えてしまうんですね。家賃はタダどころじゃなくて、「維持費はうちが払うから住んでくれ」という家がいくらでもあるわけですよ。

息子夫婦も出ていってしまって、でかい家に1人で住んでいるお年寄りなんかは、そのままでは不用心なんで、50代の僕だったら安心できるから一緒に住まないか、なんていうわけです。そういう状況が地方にはいくらでもある。

東京だって、これから10年経ったらわからないですよ。本当に住宅は余ってくると思うし、実際、多摩ニュータウンなんてそうなってきていますから。

そうなると、若いころに無理して家を買ったことが取り返しのつかない失敗だったという結果になりかねない。だって、給料が下がった、住宅ローンは残っている。じゃあ家を売却して、収入が減ってもいいから田舎に移住しようかと考えても、家が売れないんじゃあ移住することもできない。

経済的に切羽詰まってきても、せいぜい移動の自由は確保しておきたいですよね。

山崎　だったら、金融商品で持っているほうがいいかもしれないですね、不動産よりは換金性が高いですから。

だから家を買うのは、かなり慎重にリスクを見極めないと失敗します。ましてや、豪華なパンフレットを作って宣伝しているような新築マンションを買うというのは、民間の保険会社のがん保険に入るぐらい愚かといっていい（笑）。

医療保険はいらない金融商品の代表

吉崎　がん保険という商品の面白い特性は、つい入ってしまったらなかなか降りられない。加入をやめた瞬間にがんになったらどうしようという不安につきまとわれちゃうからです。これは本当に恐ろしい商品です。

アメリカ議会でアフラックの創業者が証言しているんです。彼はそこで、この保険は1度加入したらやめられなくなる、とちゃんと認めているんです。

いや、実は私も入っているんです。途中で「これは全く意味がないことだ」と気づいたんだけれども、やめる勇気はないですね。

山崎　がん保険に限らず、民間の医療保険はいらない金融商品の代表です。普通の健康保険に入っていれば、仮に大病して高額な医療費がかかっても、ちゃんと高額療養費制度でカバーされます。この保険の採算の内訳が公開されていないこと自体、消費者保護上非常に問題なんですけど、加入者の側から見れば、だいたいは5000円の医療クーポンを1万円で買っているような感じになっています。

吉崎　保険会社の営業マンの殺し文句は、「万が一のとき、保険がないと先端医療が受けられませんよ」ということなんだけれども、でも先端医療が受けられる人なんて、それこそ長嶋茂雄さんみたいなごく限られた人で、普通の人の多くは受けられません。

山口　ほとんど公的健康保険でカバーされる範囲の治療でとどまりますからね。

山崎　保険の原理から考えても、「2人に1人ががんになります、3人に1人ががんで死にます」というような、ありふれた事象というのは基本的には保険になじまないんです。「何百人、何千人に1人という割合だけど、交通事故を起こしたら賠償するのにこんなにカネがかかるかもしれない、とてもみんなが現金で備えてから運転するわけにいかないよ」というものは保険でカバーするのがいいんだけれども、「相当な確率で当たります」というようなものは保険ではなく、貯金で備えるべきなんです。特に日本の場合は健康保険制度があるので、医療保険はいらないものの代表ですよね。

だいたい、入院した期間に応じて1日当たりいくらとか、そういう計算になっているわけだけれども、いまじゃあ入院期間を短縮させようというのが厚労省の大方針なので、そういう意味でもアゲンストですよね。

本当にいらないものの代表なんだけれども、保険会社はテレビ番組のスポンサーとして相当な割合で入っているので、私は番組に出るたびに、「保険会社はスポンサーに入っていますか？」って控室で聞くことにしています。

山口 年金保険なんかも、入ったってろくなことはないですね。年金基金で十分ですし、それよりプラスアルファが出ることがあるのだったら、その分、貯金しておいたほうがいいですよ。

吉崎 キャッシー山口になってきた。

日本の保険に入ってはいけない

山口 いやいや（苦笑）。でも民間の保険は無駄だと思います。特に日本の保険はひどい制度だなと思ってね。アメリカの保険と全然違うんですよ。

僕が死亡保険金1億円の生命保険に加入し、賭け金を20年払い込んでいるとしましょう。20年払い込んで50歳でがんになり「余命半年」の宣告を受けた。だけど、死んでから保険金受取人に1億円を残すよりも、死ぬ前に自分で保険金を手にしたいと思ったらどうするか。

加入していたのが日本の生命保険会社の商品だったら解約するしかないです。自分で計算してみたことがあるんですが、先ほどのケースで解約すると、手元に戻ってくるのが８００万円ぐらい。微々たるものです。

ところが、アメリカの場合だと、「ライフセツルメント」という保険のセカンダリーマーケットがあるので、自分が加入している生命保険を売ることができるんです。１億円の生命保険だったら、たとえば５０００万円くらいで売れたりする。買い手は、本当に半年後に僕が死んでくれれば、そこで１億円を手にすることが出できる。そういう仕組みです。

買い手は保険加入者の健康状態や年齢などをシビアにチェックして価格を決めるのですが、中には「あなた余命半年といわれているけれども、本当は２か月ぐらいしかもたないと思うから、うちは８０００万円で買いますよ」なんていうところも出てくる。そうしたら僕は８０００万円のキャッシュをもらって、残りわずかな人生、遊び回って過ごすことができるわけです。

その仕組みが日本の保険にはない。その原因は、受取人には赤の他人はなれないという法律があるからです。受取人には配偶者や自分の子どもしかなることができない。

吉崎　配偶者と２親等以内の血族ですね。父母や祖父母、兄弟、孫も受取人になれます。

山口　そうですね。でも、アメリカの場合、受取人は誰でもいいんです。愛人でもいいわけです。

吉崎　そうなると、すごい保険金詐欺が起こりそうな気がしますね。

山口　でも、日本の名だたるＩＴ企業経営者などは、愛人を受取人にしてアメリカの保険に入っているといっていましたよ。ＴＰＰで一番にアメリカから狙われるのはおそらくここですよ。

吉崎　保険分野で相当妥協しているという話は聞こえてきますね。

山口　ライフセツルメントはアメリカの大きなメシのタネになっているので、これは日本でも絶対に出てくると思いますよ。

吉崎　セカンダリーマーケットというのは、文化的な違いものもあるから、はたして日本になじむのかどうか……。

山口　僕はすごくリーズナブルな制度だと思って1度研究したことがあるんですよ。

アメリカでは、ライフセツルメントをまとめて担保にしたライフセツルメントボンドという債券まで発行されていて、これがまたものすごく利回りがいいんですね。

もちろん、他人の生き死にをカネに変える仕組みなので、道義的にどうかという問題はあるんだけれども、これで助かっている人もいっぱいいるわけです。

山崎　それでも、生命保険がかかっている子どもとそうでない子どもとで死亡率が違うというゾッとするような統計もあるので、やっぱり保険というのはそれなりに恐ろしい仕組みなんですよね。

私は大学の授業で、半年に1回必ずいっていることがあるんです。

「就職してオフィスに行ったら、君たちはいけにえの小羊みたいに、保険のセールスレディの前に差し出されることになるかもしれない。だけど生命保険には絶対に入るな。これを聞いただけでもこの授業の元はとれたぞ」と。

もうちょっと詳しくいうと、例外的に保険が必要なのは、若くて親を頼ることもできないような状態で夫婦に子どもができてしまったようなときだけです。たとえば子どもと嫁さんだとすると、1人頭1000万円分ぐらいの死亡保障の保険に入る。それも極めてシンプルなネット生保の保険にすべきで、期間は10年程度、長くても20年です。そして積立型ではなく掛け捨てがいい。保険というのは、そもそも我々の競馬ぐらい〝確実に損する賭け〟なのだから（笑）、泣く泣く必要最小限度だけ入るものでしかないんです。

保険に入る代わりに自分で貯金しておけば、病気になれば治療費にも使えるし、子どもが進学すれば学費にも使えるわけだから、だいたいの場合そのほうがいい。「保険にはできるだけ近づかない、かかわらない」が正解なんです。

吸った息を吐くようにカネを使うのが理想型

吉崎　若い人へのアドバイスめいたことをいうと、まず貯金してある程度のタネ銭を作っておいたほうがいい。若いうちは物入りなことが多いけど、そこは我慢して蓄えなきゃいけない。「悪銭身につかず」とはよくいったもので、競馬の勝ち分なんてのはすぐになくなっちゃうんで、ちゃんとお給料の中から残さなきゃいけないですよ。

私の若いころ、200万円まで貯めるのはなかなか大変だったけど、逆に200万円を超えると、そんなに減らなくなったんです。200というのは私にとってのマジックナンバーだったので、それは印象にありますね。

山口　とりあえず100万円じゃないですか。100万円あると、何か起きたときでも、なんとかかんとか耐えることができる。200万円あったらさらに安心でしょうね。

山崎　新入社員は、就職から1年間、会社に遅刻せず、誰にでも適切な挨拶ができて、そして収支のバランスがとれていたら合格ですね。自分が稼ぐおカネと出ていくおカネとを体感として把握していない人はちょっと心配です。足りない分をカードローンで埋めていたりすると、先輩とか親とかがケツを拭かなければいけなくなるし……。

吉崎　いまの若い人って、本当にそういうところは手堅いんじゃないですか。私などのころは周りの同期を見渡すと、１年経ったらマイナス２００万円とかってざらにいましたからね。

山口　僕なんかはまさにそれ。もう時効だと思いますが、丸紅に４年しかいなかったのに、辞めるときに会社に７００万円の借金がありましたから。当時の商社って、国内の交際費はギチギチなんですけれど、海外出張のときの交際費はほとんど青天井でした。それで出張に行くたびに交際費として会社から大金を前払いで受け取り、そのカネで前の借金を返してっていう自転車操業を４年間やっていたわけ。そうしたら、４年後に７００万円のマイナスになっていた（笑）。

吉崎　それは世界を股にかける商社マンとして正しい修業時代の姿ですね。

山口　この金額には自分でもびっくりしちゃいましてね。

でも、転職しようと思っていたモルガン・スタンレーっていい会社だった。というのは、そのことを正直にいったんですよ。「実はかくかくしかじかで７００万円の借金があるから、これを返せないうちは辞められないと思う」って。

そうしたら「じゃ、うちが貸してやる」といって、モルガン・スタンレーが７００万円貸してくれたんです。転職したら毎月給料から天引きされていたんですが、その年のボーナスですぐ返済できました。

山崎　商社マンはみんなカネ使いが荒いから、給料が高くても意外とおカネを持っていない。30歳くらいになって同窓会に行ってみると、電機メーカーに就職して社宅に住んでいるような同級生のほうが、結構おカネを貯めていたりして驚愕《きょうがく》したのを覚えています。商社とか広告代理店なんかの人間は、吸った息を吐くようにカネを使っちゃうんですよね。ただ、吸った息を吐くようにカネを使えるというのは、おカネに関しては理想的ですけどね。カネというものを特別なものとして意識せず、それでいて不足がないのであればこんなにいい人生はない。

まあ、それではどうしても将来が心配だというのであれば、手取りの7割で暮らして3割貯めることができれば、人生はほぼ鉄板です。リタイアしたあとでも、現役時代と同じ程度の生活を続けることができる。

そういう意味では、自分の所得レベルを見誤らないように支出する習慣を持っていれば、そんなに心配はないんです。自分の7割くらいの年収の人を見つけてベンチマークにしましょう。その人のお金の使い方を真似するといい。

だから老後の生活不安の問題というのは、所得と支出の平準化の問題として考えるべきなのであって、それを何か特別な運用でカバーするなんていうことはできないんです。老後の生活という人生の大問題を、おカネの運用のテクニックで解決しようなんて考えないというのは大事な心得だと思いますね。

吉崎　そんな妄動にとりつかれたら、おカネに使われる人生になってしまいますね。

私は自分の若いころを振り返ってみて、やっておいてよかったなと思うことが1つあるんです。それは自分への投資です。

といってもそれほどたいしたことじゃないんですが、まず僕は年賀状をたくさん出そうと思ったんです。それで、さっき「200がマジックナンバーだった」といいましたが、いただく年賀状もだんだん増えてきて200枚を超えたらそこから減らなくなりました。いまだったらフェイスブックのお友だちの数なんかが1つの目安なんだと思いますけど、そうやって友だちを増やすことにおカネをかけていったんです。それは一見無駄なことのようにも思えますが、意外にそうではなかった。

それからなるべく友だちと勉強会を作ったり、飲みに行くようにした。飲み代は5000円程度ですが、若いころの5000円って結構痛い。でもそうやっておかないと人生は広がっていかないし、そうやって築いていった友人たちがすごい財産になっています。

地方経済をけん引するヤンキー世帯

山崎　そういう向上心に溢れた若者像とはひと味違った集団も最近注目されていますよね。地方経済最大のボリューム層であるヤンキー世帯です。

吉崎　博報堂ブランドデザイン若者研究所の原田曜平さんが書いた『ヤンキー経済』という本が話題になっていますよね。そこで論じられているヤンキーというのは、鉄パイプを片手にバイクを乗り回すような不良じゃなく、地方に住む低学歴で低所得の若者のことです。彼らのようなマイルド・ヤンキーがいま地方の消費動向の鍵を握っているといわれている。

山崎　ネットを使いこなすことはないけど、都心の若者が関心を持たなくなった自動車、酒、タバコなどへの消費意欲が旺盛——というのが彼らの生態だといわれていますよね。

吉崎　家電業界の人がいっていました。彼らにとっては、まさにヤンキーさまさまなんですって。というのも、テレビなんていまどきヤンキーしか見てくれないから。実際、お2人だってテレビをほとんど見ないでしょう?

山口　そりゃそうだ。

山崎　まあ、テレビ局の手前大きな声ではいいにくいけど、ほとんど見ないですね。だって競馬もパソコンで見られるんですから。

吉崎　だから「あなた方のような人たちはマーケットとして評価していない」と断言されました。ソニーの平井一夫社長から（笑）。

　そういう旺盛な消費欲もさることながら、なんといっても、彼らヤンキーの特徴は移動性の低さです。

山崎　買い物も近場のイオンですませるし、自宅から数キロ圏内で暮らしているらしい。それで家族、仲間、地元を大事にする。

吉崎　そうそう、小中学校のときの友だちと死ぬまで一緒という感覚を心地いいと感じているんですね。

　ただ『ヤンキー経済』の本の中でちょっとショッキングだったのは、典型的なヤンキーの若者に、「いまの生活は何点？」と聞いたら、85点ぐらいなんですね。

山崎　結構現状に満足しているんですよね。

吉崎　そうなんです。「じゃあ、あとどうなったらいい」と質問したら、「月給があと5万円増えればいい」と。それを読んで、私は「そんなのでいいの」と結構ショックを受けました。

山崎　たまによさこい祭りで踊ったり、ディズニーランドへ行ったりすれば満ち足りちゃうんですよね。

一般的に「向上心」というものはポジティブなものとして評価されていますが、しかし現実にはそれをプラスにつなげていくことは結構難しい。一流大学を出て一流企業に入社するような人は、みな向上心なり出世欲を持っていると思いますが、実際に取締役にまでなれるのは同期に1人いるかいないかくらいだし、相応の年齢になったら出向させられたり、給料がガクッと減ったりします。

エリートコースを歩んできた人こそ、そういうときに心が折れやすい。だったら、無駄な向上心を持たずに、精神的に健やかに過ごしているヤンキーの生き方に学ぶことが有益かもしれません。

日本が向かう緩やかな階級社会

吉崎　一方で、企業の中で若い元気のいい人間はみんな海外に行っていますよね。むちゃくちゃハイパーに移動するジェネレーションも生まれている。

それをエリートとロウワーの格差社会というふうに呼ぶのが正しいのか、そこはよくわかりませんけどね。

山口　生き方の差でしょう。僕はすごくいい時代になったなと思っています。

僕が丸紅に就職したときは、自分はこの先、この会社で定年まで働くんだろうなと漠然と思っていました。というのも、僕の当時の頭の中はそうじゃないと生きていく方法がなかったわけです。それ以外、生きていく方法は見当たらないから、どんなに上司がバカでも、とにかくこの会社でやっていくしかないという閉塞感があったわけです。

その中で、僕はたまたま何度か転職をして生きてこられたわけですが、いまは転職なんて当たり前の時代になったじゃないですか。リスクもある生き方ですが、転職してやってみたい仕事に取り組んだり、海外に行って何か挑戦してみたり、人生の選択肢がはるかに広がっているわけですからね。

吉崎　それからヤンキーは、この少子化の時代にあって結構子沢山なんですよね。小中学校の同級生同士でデキ婚しちゃったりして。

山崎　ライフプラン的には早く子どもを作ったほうが、体力のあるうちに子育てができます。経済的な負担を考えてもそのほうがずっと理に適っているといえます。

ヤンキーたちって実家やその近所に住んで、比較的大家族を構成していますよね。そこで思うのは、これからは生活にもう1回、規模の経済性を取り戻したほうがいいかもしれないということです。

というのは、高度成長期以降、1人暮らし、あるいは結婚して核家族というのは1つの生活のモデルになっているわけだけれども、やはり効率が悪い。年金が15万円しかなかったら、都会では老後の生活に不安があるかもしれないけれども、でも年金生活者が4人集まって暮らせば、1人10万円ずつ出し合って40万円で生活し、1人5万円ずつ小遣いを使えるという生活が無理なくできますよね。友だち同士で集まるのか、あるいは大家族を復活させるのか、どういう形がフィットするのかはわからないけれど、そういうことを工夫することによって生活の質を改善することはいくらでもできる。

だから「老後の暮らしには計算上これだけのおカネが必要だから、それまでになんとかカネを貯めないと老後難民になってしまう」といった脅迫観念をあまり持たないで、もっと生活の仕方を工夫したほうがいいんじゃないかと思います。

山口　本当ですね。いまの若い子たちはルームシェアをしている人がずいぶん増えてきているし、高齢者もそういう生活のスタイルを取り入れるべきですよね。

山崎　日本はこれから、かなり速いピッチで緩やかな階級社会に向かっていくのかもしれませんね。

社会のまとまり方として、みんなが平等なところからスタートして、競争して差がついていくというスタイルは、戦後のある時期の理念の中にあったモデルであって、本来の日本の社会にはなじまないのではないのかと思うんです。あえていえば、平等と競争が建前の社会よりも、ゆるやかな階級社会のほうが日本の社会はおさまりがいいのではないでしょうか。

実際、経済的な現実としては、経済力があって子どもにいい教育を受けさせることができるというグループができつつある。一方で、教育にそれほどおカネをかけないヤンキー層は親も子も比較的低学歴であることを問題にせず、そこを抜け出そうという意欲もあまり強くない。

吉崎　教育を通じて階級が再生産されていくというわけですね。

山口　イギリスなんかはそういう社会ですものね。

山崎　ええ。イギリスでは親の収入や職業によってある程度住んでいる地域が分かれているようですが、これからは東京の中でも、階層によって住む地域がはっきり分かれてくるのだろうと思います。

吉崎　生まれ落ちた環境とそれほど違わない世界の中で生涯を終える人はこれから増えてくるのでしょうね。かといって、そういう人たちが生活に不満を持っているかというと、極めて高い満足感を持っている。

山崎　そういう緩やかな階級社会が望ましいとは思いませんが、ただそういう社会ではロワーレベルの人たち向けの商品やサービス業もできてくるので、「アッパーレベルに入っていないから幸福感が損なわれる」ということは案外ない。その部分については悲観的になる必要はないと思いますが、いまの社会の流れを見ていると、どうやら日本はそういう方向に進んでいくように思います。

【著者紹介】
山口正洋（やまぐち　まさひろ）
投資銀行家。1960年東京都港区生まれ。慶應義塾大学経済学部卒業。丸紅を経てモルガン・スタンレー、ABNアムロ、ベア・スターンズなど欧米の金融機関を経て、ブティック型の投資銀行を開設。M&Aから民事再生、地方再生まで幅広くディールをこなす一方、「ぐっちーさん」のペンネームでブログを中心に大活躍。2007年にはアルファブロガー・アワードを受賞。さらに『AERA』や『SPA!』で連載を持ちつつ、テレビやセミナーでも人気。著書として『なぜ日本経済は世界最強と言われるのか』（東邦出版）、『ぐっちーさんの本当は凄い日本経済入門』（東洋経済新報社）、『ぐっちーさん　日本経済ここだけの話』（朝日新聞出版）など。

山崎　元（やまざき　はじめ）
1958年北海道生まれ。東京大学経済学部卒業。経済評論家、楽天証券経済研究所客員研究員、獨協大学経済学部特任教授、株式会社マイベンチマーク代表（投資と投資教育のコンサルティング会社）と複数の肩書きを持つ。三菱商事、野村投資信託、住友信託銀行、メリルリンチ証券など計12回の転職経験を活かし、お金の運用、経済一般、転職と自己啓発といった分野で活動中。著書に『全面改訂 超簡単　お金の運用術』（朝日新聞出版）、『お金の教室』（NHK出版）、『学校では教えてくれないお金の授業』（PHP研究所）など多数。

吉崎達彦（よしざき　たつひこ）
1960年富山県生まれ。双日総合研究所副所長。かんべえの名前で親しまれるエコノミストで、米国などを中心とする国際情勢分析家でもある。一橋大学卒業後、日商岩井入社。米国ブルッキングス研究所客員研究員や、経済同友会代表幹事秘書・調査役などを経て2004年から現職。後に日銀第28代総裁となった速水優氏の秘書を務める。エコノミストとして活躍するかたわら、テレビ、ラジオのコメンテーターとしてわかりやすい解説には定評がある。また同氏のブログ『溜池通信』は連載500回を超え、米国や国際政治ウォッチャー、株式ストラテジストなども注目する人気サイト。著書に『溜池通信いかにもこれが経済』（日本経済新聞出版社）、『アメリカの論理』（新潮新書）など多数。

ヤバい日本経済

2014年8月14日発行

著　者――山口正洋／山崎　元／吉崎達彦
発行者――山縣裕一郎
発行所――東洋経済新報社
〒103-8345　東京都中央区日本橋本石町 1-2-1
電話＝東洋経済コールセンター 03(5605)7021
http://toyokeizai.net/

装　丁…………石間　淳
印　刷…………東港出版印刷
製　本…………積信堂
Printed in Japan　ISBN 978-4-492-39604-9